내 안으로 떠나는
행복 여행

2008년 5월 9일 초판 1쇄 발행
2009년 4월 30일 초판 2쇄 발행
2010년 3월 27일 개정판 1쇄 발행
2011년 4월 20일 개정판 2쇄 발행

지은이 : 대화
펴낸이 : 이규만
기획 · 책임편집 : 이진영
편집 : 임동민

펴낸곳 : 참글세상
등록일자 : 2009년 3월 11일
등록번호 : 제300-2009-24호
주소 : 우) 110-320 서울시 종로구 낙원동 58-1 종로오피스텔 1020호
전화 : 02-730-2500
팩스 : 02-723-5961

ⓒ 2008, 대화

ISBN 978-89-963038-4-8 03220

내 안으로 떠나는
행복 여행

대화 지음

참글세상

이 세상 모두의 행복을 기원하며

우선 이 책을 접하시는 모든 분들께 감사합니다. 그리고 이 책을 읽으시는 모든 분들께 더욱 감사합니다. 변변찮은 글들이 행여 독자 여러분들의 마음을 번거롭게 해 드리지는 않을까 조심하는 마음도 있지만, 이 세상 모두의 행복을 기원하는 오롯한 마음의 글이라는 생각으로 스스로를 변명합니다. 이 세상 모두의 행복을 진심으로 기원하며, 저자의 생각과 말과 행동이 꼭 그 기원에 부합하도록 최선을 다하겠습니다.

저는 전문적으로 글을 쓰는 사람이 아닙니다. 책을 내겠다는 생각으로 이 글들을 쓴 것은 더욱 아닙니다. 한 달에 한번씩 동사섭 웹사이트(www.dongsasub.org) 명상칼럼에 올린 글들을 보고 독자들과 출판사의 요청에 의해 한 권의 책으로 묶이게 되었습니다. 몇 년 동안에 걸쳐 나갔던 글들인지라 책으로 출판하고자 할 때에는 손질할 부분들도 더러 있을 것이지만, 윤문하지 않고 서툴고 부족하나마 그때의 모습 그대로 내어 놓고자 하는 저자의 뜻을 존중해 열과 성을 다하여 책으로 만들어 주신 '참글세상' 편집부에게 감사하고, 이 책을 기획·편집해 주신 이진영 님께도 각별히 감사드립니다.

그리고 책으로 출판하기 전 이 글을 출력해 몇몇 지인들께 보여드린바, 좋은 소감과 함께 추천의 글을 보내 주서서 부끄러운 마음을 많이 위로 받았습니다. 감사합니다. 세상 행복을 위한 정진(精進)과 기도(祈禱), 작선(作善)을 아끼지 않음으로 보답하겠습니다.

2010년 이른 봄
명상의 집에서 **대화** 합장

깨어 있는 삶

3부

우리가 살아 존재하고 있음을 규명할 수 있는 오직 하나의 단서가 있다면
바로 우리에게 순간순간의 삶이 있는 것이다. 지금 이 순간의 삶을 배제하고서는
그 어떤 희망도, 꿈도, 이상적 초월도 다 헛된 노래에 불과하다.

아무것도 안 하기

4부

경계 중에서 가장 무게 있는 경계는 사람이다. 인생이란 사람과 만나 사람과
부대끼다 가는 것이다. 마음 나누기가 잘 이루어지고, 베품―보시와 감사와 관용과 사과 등
네 개의 미덕이 잘 인격화되고 생활화되면 이 땅에서도 우리는 충분히 천국을 만들어 갈 수 있다.

1부

사람이 스승이다

사람의 한 평생은 외로운 여행길이다. 목숨 걸고 몰입해 가고자 하는 자신의 가치관이나 소박한 생활고에 이르기까지 자신의 속마음을 통통 털어놓고 나누며 그럴 때마다 편안하고 감사하며 시원하기까지 한 벗을 우리는 몇이나 만들고 살까.

은경이 엄마

은경이 엄마에게 크게 배우며 감동하는 점은 아이들을 키우는 탁월한 육아법이다.
그 집 아이들은 엄마 아빠가 바쁘게 일하는 낮 시간 동안 카센터 마당을 굴러다닌다.
마당 여기저기 흩어져 있는 카센터 장비들과 섞여 있노라면
아이들도 마치 한 개의 도구들처럼 보인다.

살아가면서 한 번씩 떠오르며 그리운 사람들이 있다. 그 사람들이 딱히 나와 특별한 인연관계에 있는 사람이어서는 아니다. 유별하게 도타운 정을 나눈 사람들도 아니요, 유난히 은혜를 받았던 기억이 있는 사람들도 아니다. 그냥 그 사람들이 건네준 은근한 인품의 향기가 되새김질되며 향심되는 것이다. 또 그 사람들이 사회적으로 이름난 별인들도 아니다. 우리의 가까운 이웃으로서 평범한 서민의 한 사람들이라는 점에서 더욱 귀하게 여겨진다.

내 기억 속에 자리하고 있는 숱한 사람들 가운데 '은경이 엄마'가 있다. 은경이 엄마는 아마 올해 꼭 40에 이른 것 같다. 내가 장수에 처음 부임해 왔을 때가 지금으로부터 만 15년 전이었고 은경이 엄마는 갓 스물다섯의 젊은 새댁이었다. 일찍 결혼을 하여 그때 이미 세 살과 다섯 살박이인 두 자매의 어머니였고, 2년 후에 다시 아들 하나를 낳아서 손이 귀한 가문에 대를 이으며 그 벅찬 기쁨이 세상 어느 것도 부럽지 않는 아주 소박한 시골아주머니였다. 은경이네 집은 읍에서 자동차 수리 센터를 하고 있었고, 나는 가끔씩 그곳을 이용하는 고객 중의 한 사람이었다. 은경이 엄마는 남편의 일을 도와 세차와 수리, 그리고 자동차 부품 팔이 등 일반적으로 카센터에서 하는 제반 일을 남편과 함께하고 있었다.

내가 은경이 엄마에게 각별한 관심을 갖고 유심히 보게 된 이유가 있었다. 장수에 온 지 그 이듬해쯤에 대학을 갓 졸업한 아가씨 한 분이 명상의 집으로 입산출가를 해 오셨다. 그 사람은 나의 맏이 상좌가 되었고 은경이 엄마와 동갑내기였다. 내 상좌는 여느 수행자들의 포부와도 같이 성불도생(成佛度生)의 높은 이상을 안고 젊은 그 나이에 누림직한 모든 특권들을 다 반납하고 거룩한 고행의 길을 선택했다.

동갑내기인 은경이 엄마 역시 속사정은 남이 다 이해하기 어려울 것이나 겉으로 보기에는 늘 고생스러워보였다. 언제 보아도 허름한 옷차림에 손과 얼굴과 옷에는 거무스레한 기계기름이 잔뜩 얼룩져 있고, 자동차 아래에 기어들어가 차를 수리할 때도 있었으며 추운 날에도 물방울을 온몸에 튕기며 세차를 하고 있었다. 남편의 일을 곁에서 도와주는 것이 아니라 남편과 동등한, 아니 그 이상의 업무를 도맡아 하고 있는 듯 보였다.

놀라운 것은 이러한 가운데서의 은경이 엄마의 표정과 말과 행동, 그리고 삶의 태도였다. 그녀는 늘 환하게 웃고 있었고, 늘 다정하고 친절한 말투로 고객들을 응대하며, 아내로서, 주부로서, 엄마로서, 카센터 보조자로서 등 일인다역을 감당하면서도 제반 일에 대하여 고단한 마음이라기보다는 즐거움이 넘치는 듯 임하고 있었다. 늘 보아도 그러하였다. 찡그린 얼굴을 본 적이 거의 없었다.

남편은 약주를 좀 즐기는 편인데다가 심성은 곱고 천심인데 성깔이 제법 하기로 소문나 있는 터이다. 평소에 잘 참아뒀던 스트레스를 풀어내는 한 방법으로 한 번씩 약주 한 잔 하고 성깔을 내기로 하면 온 동네가 시끄럽다. 어찌 보면 금방이라도 일 하나 쯤 저질러 버릴 듯 아슬아슬하게 보이기도 한데, 그 부인은 싱글싱글 푸짐한 웃음으로 남편을 토닥거리며 그 주정을 잘 받아넘기기로 또 유명하다. 그래서 그 카센터 고객들은 이 부부를 참 이뻐하고 좋아하며, 한번 고객이 되면 오랜 단골이 되게 마련이었다.

또 은경이 엄마에게 크게 배우며 감동하는 다른 한 구석은 아이들을 키우는 탁월한 육아법에 대해서이다. 그 집 아이들은 엄마 아빠가 바쁘게 일하시는 낮 시간 동안 올망졸망 세 아이가 엇비슷한 나이를 하고는 카센터 마당에 굴러다닌다. 다른 애들에 비해 체구도 작은 편인데다가 어머니가 바빠서 잘 가꾸며 돌볼 여가가 없는 연고로 아이들조차 늘 손과 얼굴과 옷가지들에 꼬장꼬장한 땟국이 가득

하며 두 눈망울만 초롱초롱하다. 마당에서 여기저기 흩어져 있는 카센터 장비들과 섞여 있노라면 그 아이들도 마치 한 개의 도구들처럼 보인다. 재밌는 현상 하나는 아이들이 자그마한 자동차 장비들을 갖고 놀며 말을 할 정도서부터는 자동차 부품 이름이며, 자동차에 대한 짧은 상식 정도는 알고 있으면서 고객들에게 깜찍한 즐거움을 준다.

은경이 엄마는 카센터 일을 그 아이들과 함께한다고 해도 과언이 아니다. 그 어머니가 일하고 있는 곁에서 아이들은 귀찮을 정도로 많은 질문들을 해댄다. 그 모든 질문에 다 또박또박 대답해주시면서 아이들과 함께한다. 마치 어린이집 실습 담당 선생님 같으시다. 그러한 모습은 참으로 감동적이었다. 애들이 곁에서 얼쩡거리며 질문 공세를 하면 작업에 방해가 되어 귀찮을 수도 있는 상황이지만 친구처럼 어린 아이들과 한덩어리가 되어 주거니 받거니 대화를 나누면서, 싱글벙글 웃으면서 일하시던 모습은 지금 떠올려도 가슴이 뭉클하니 아름답다.

언젠가 한번은 이런 일이 있었다. 나의 새 자동차에 빗물가리개를 달려고 갔었다. 여섯 살이 된 은경이가 즈네 엄마를 돕겠다고 그 부품에 달려 있는 부착 테이프를 뜯다가 한 가운데쯤에 금이 갔다. 새 자동차에 새 부품을 달고 싶은 나의 중생심이 조금 상했다. 그런데 그때 은경이 엄마가 은경에게 하시는 말씀은 깊게 인상적이었다. 은

경이 엄마가 까르르 웃으며 하시는 말씀, "하하하하, 우리 딸도 한몫
했어? 그런데 스님꺼 베려 버렸네?", "스님, 은경이가 했대요. 이쁘
게 봐 주세요. 그리고요, 나중에 비 많이 새어 들어오면 새로 하나
갈아 드릴게요. 하하하하!"

이 얼마나 푸짐하고 넉넉한 수용인가! 나도 은경을 매우 좋아하
고 그 엄마를 존경하는 마음이어서 크게 상한 것은 아니나, 그나마
조금 일어난 내 중생심을 무색하게 만들며 깨끗이 씻어주는 좋은 배
움의 기회가 되었다.

이 부부는 맨주먹으로 시작하여 카센터 조수 역할부터 해 오다가,
이곳 장수에 둥지를 틀면서 농협에 빚을 좀 내어 땅을 빌리고 컨테
이너박스 하나를 만들어 이 카센터를 차린 것이란다. 남편이 한 잔
거나해지면 곧잘 농협의 빚이 걱정되어 한숨을 짓곤 하는데, 나이
젊은데 무엇이 두렵냐는 듯 자신만만하고 희망적인 우리 은경이 엄
마의 호탕한 웃음은 아직도 내 눈에 선하고 내 귀에 쟁쟁하다. 나이
에 비하여 너무도 의연하고 힘찬 한편 곱고도 여린 마음으로 눈물도
많았다. 중학교를 졸업하고 도시로 나가서 공장 생활을 하다가 은경
이 아빠를 만나 일찌감치 결혼을 하게 되었단다.
은경이 엄마는 그때 나이에 이미 인생을 반 이상은 달관한 듯한
어른이셨다. 그런 은경이 엄마를 나는 은근히 존경하고 좋아했다.
몇 차례 전화로 이런저런 상담을 해 와서 은경이 엄마와 조금 더 친

근해지는 계기가 되기도 하였고, 내 처소에서도 가능한 자동차 세차를 일부러 은경이네 집으로 하러 가면서 따사롭고 이쁜 그 집 풍경을 한 번이라도 더 눈에 담아두는 기쁨을 갖기도 하였다.

그 은경이네가 3년 전 어느 날 보이지 않았다. 그때 즈음에는 내가 많이 바빴고, 또 가까운 도시에 법인 사무실이 만들어져 자주 나들이를 하는 바람에 나간 김에 자연히 사무실 근처의 카센터를 이용하게 되기도 하면서 한동안 은경이네 집엘 들리지 못하게 되었다. 은경이네가 이사를 간 것이다. 나에게까지 신고를 하고 갈 리 만무한데도 왠지 서운하고 허전한 마음이었다. 쬐끔 눈시울이 적셔지기도 했다. 그 아름다운 사람들을 이제 가까이에서 볼 수 없다는 아쉬움이었다.

지금도 그 집 앞을 지나노라면 빙그레 미소가 지어지며 그리워진다. 아마 지금은 더 부자도 되었을 것이며, 아이들도 자라서 더욱 성장했을 터이다. 그리고 부부는 더욱 아름다운 모습으로 성숙되었으리라 믿는다. 이 다음에 길에서 우연히 만나게 된다면 많이도 반가울 듯한 사람들이다. 내 맏이 상좌도 이제 수행자의 어엿한 태가 익어가면서 보기 좋은 모습의 승려가 되어 있다. 이렇게 동갑내기 두 사람은 각자의 길에서 나름의 상을 지어가고 있었다.

오늘 그 은경이 엄마가 다시 그립고, 그 아름다운 여인의 모습에

존경의 합장을 올린다. 이 그리움은 또한 이 세상의 그 누구들에게
나는 어떤 모습으로 기억될 것인가의 자화상을 그려보게 한다. 존경
과 사랑의 의존조차 방하하여야 할 초월적 삶을 지향해 가는 자로
그 누구에게 기억될 인생을 그린다기보다는, 나는 어떤 향기로서 이
세상의 기쁨에 기여할 것인가의 기도(企圖)이다.

　봄이 오는 소리 예서제서 들린다. 곧 남기에 새순도 돋고 제비
도 돌아올 것이다. 이 화창한 봄날에 걸맞은 환하고 화평한 기운
을 만들어 가고 싶다. 하늘이 보시기에 이쁘고 기쁜 모습을 만들
어 가리니!

2006년 3월 초순

검불 없는 삶

마음 가운데에 호리의 검불도 없는 허허로운 삶을 그려보며 늘
그립습니다. 그 그리움에는 또한 늘 은근한 눈물이 담겨 있습니다.
애처로운 노력에 대한 연민과, 그리움만으로도 든든한 자긍심과,
그리고 작은 노력에도 반드시 선명한 넉넉함이 보람으로 따르는 감
사함에서입니다. 하여 더러 외롭고 힘겹고 아프더라도 일상 가운데
서 애써 모지락스럽게 지향해 봅니다. 불혹의 나이에도 혹함을 여
의지 못하여 마음이 치우친 연후에야 다스리곤 하며 겨우 부끄러움
을 다잡아 왔던 바, 바야흐로 지천명의 나이에 이르러서도 아직 천
명을 제대로 알아차리지 못한지라 그저 짧은 소견으로서의 소박한

소망을 천명으로 여기며 하루하루의 명(命)을 깎아가고 있습니다. 그 소망이 나의 마지막 명줄인 양 소중히 여기며, 제 삶의 일거수일 투족을 점검하는 잣대가 되어주고 있습니다. 그것이 '검불 없는 삶' 입니다.

검불이라 하면 우리의 마음속에 얼씬거리는 탐진치(貪瞋痴)의 번 뇌를 말합니다. 그것을 제 스승께서 '검불' 이라 부르심이 하도 좋아 서 따라서 쓰고 있습니다. 탐진치를 검불이라 칭하니 번뇌가 일상의 생활공간 속에서 편안하게 접하는 먼지처럼 여겨지어 한층 수월하 게 다가가게 되고, 그를 다스림에도 한결 따습게 행해지는 듯하여 그 이름이 참 좋습니다. 또 검불이라 이름을 지어 놓으니 아주 사뿐 하게 나부끼는 섬세한 번뇌조차도 부담감 없이 면밀하게 다루어지 는 듯하여 좋습니다. 호리의 검불이 없는 의식상태를 상상해 봅니 다. 얼마나 고결하게 여겨지는지……! 청명하기 그지없는 가을하늘 을, 한 점 구름도 없이 무궁히 열린 가을하늘을 올려다 볼 때의 한없 이 맑고 평화롭던 마음과 대비해 봅니다. 이러한 상상만으로도 맘껏 좋아서 고귀한 연인을 흠모하듯 소망이 사무칩니다.

마음속에 검불이 없어 주어지는 모든 것들이 그저 은혜로 여겨지 며 가난과 실패 속에서조차 창조에너지를 만들어 가는 한 가족의 고 운 모습을 나눕니다. 읍 소재지에서 약 시간 반이나 가야 하고 트럭으로나 겨우 올라갈 수 있는 비좁은 임로(林路)를 따라 그 끝닿는 곳에 있는 흙집에서 그들은 살고 있답니다. 그곳을 아직 직접 답사를 하지는 못하였지만, 우연한 기회로 알게 된 그들과는 벌써 몇 차례 만나오고 있고, 만난 세월은 이태나 됩니다.

제가 칡즙 단식의 탁월한 효과를 듣고 자신과 주변인들에게 소개하여 더러 하고 있는 중입니다. 칡의 원액을 그분들께 공급받고 있는데 그들 부부는 산에 올라가서 괭이와 삽으로 칡을 캐며, 손수 정성껏 즙을 내어 직접 트럭에 싣고 오십니다. 오늘도 그분들이 칡즙을 가지고 다녀가셨습니다. 부부의 모습은 늘상 아무런 꾸밈이 없이 수수한 산골 농부차림들이며, 다섯 살 된 꼬맹이 도령까지도 진흙으로 잔뜩 물들어 있는 흰 고무신을 신고 옵니다.

부인께서는 겨우 30대 중반을 갓 넘으시고 남편께서도 아직 40대 초반이신데 그들은 우리가 어린 시절에 시골어른들께서 입으시던 그런 형태의 소박한 한복을 입으시고, 머리에는 머리카락이 흘러내리지 않도록 하기 위한 옥양목 천의 두건을 쓰고 있습니다. 신발은 두 분 다 고무신을 착용하시었고 옷맵시나 말씀의 억양, 얼굴, 미소 등에서 풍기는 향기는 그분들을 뵙는 것만으로도 마음이 순화가 되는 듯 맑아지게 합니다. 꼬맹이 도령의 이름은 구륜(九輪)이라 하는데 투명한 유리알 같은 낯빛을 하고 있고, 수줍음이 많아서 적극적인 인사도 잘 못하지만 그 모습이 오히려 더 정감이 가며 눈길을 끄는 독특한 에너지가 느껴집니다.

　그들 가족의 일상을 듣고 있노라면 가슴에 가득 평화로움이 찹니다. 그곳이 마치 무릉도원이 아닌가 하는 부러움과 동경을 갖게 합니다. 남의 땅을 좀 빌려서 전혀 농약을 쓰지 않고 순수 유기농법으로 농사를 짓고 있답니다. 남편은 산으로 들어가서 약초 등을 캐며 산사람이 된 지는 어언 20년이 넘었고, 농사를 짓기로 하여 그 골짝으로 온 처음 수년 동안은 땅을 순화시키고 유기농법으로 길들이는 데 고난의 세월을 보냈다고 합니다.

　몇 해 동안은 해마다 몇 백만 원씩의 부족한 생활고를 메우기 위하여 농사철 아닌 때에 읍으로 가서 공사판의 노동을 하였다 합니다. 아직도 부엌에서는 산쥐들과 함께 살고 있으며 아궁이에 불을 지펴 밥을 지어먹고 있고, 읍내 5일 장에 나가는 일은 딱히 구입할 것이 있어서라기보다는 장 구경을 하기 위한 즐거움으로 한번씩 나들이를 간다 할 정도로 식생활의 모든 것들을 자급자족하신다 합니다. 이제 아내의 고생을 좀 덜어드리기 위하여 싱크대를 넣어주고 싶다고 하는데 그 고운 원이 심금을 울렸습니다.

　구륜이의 엄마께서는 당신 고향의 여고를 졸업하시고 서울로 가서 십 년 넘게 직장생활을 하다가 집안 어른들의 결혼 권유의 성화에 못 이겨 혼처를 구하던 중, 어린 시절 읍으로 8킬로미터나 걸어 다니며 학교를 다녔고 농사를 짓는 농군의 딸이었는데 그 따사로운 농촌생활이 늘 그리워 농사짓는 분께 시집을 가고 싶어 인터넷으로

이리저리 알아보아서 지금의 남편을 만나게 되었다고 합니다.

흙을 손에 만지며 농사를 가꾸고, 하루 종일 햇살을 안고 묵묵히 살아가는 나날이 너무도 만족스럽고 평화롭다고 하시는 구륜이 엄마의 맑은 마음의 소리는 천녀 같은 환상을 갖게 하며, 보는 이로 하여금 그저 미소가 지어지게 합니다.

우리가 차를 들며 이런저런 마음나누기를 하고 있는 동안 개구장이 같은 구륜이가 부슬부슬 비가 내리는 마당으로 마구 달려가며 뛰어노는데, 그 엄마 금방이라도 달려가서 이 오염된 비를 맞지 못하도록 말릴 법한 상황이지만 망연히 바라보며 아이의 즐거움을 함께 하고 있는 모습이 어찌나 보기에 좋던지 배워지고 존경되는 마음으로 훈훈했습니다.

아이와 어미와 애비 모두 그냥 자연의 일부였습니다. 거부하고 거절하며 사릴 것이 없이 단지 모든 것과 함께 존재하고 있는 듯 시비 없고 여유 있어 보이는 그 모습이, 참으로 참으로 마음을 평온하게 하였습니다. 일상 속에서 검불 없는 삶의 이상적 모형 같은 구륜이네 가족의 모습, 닮고 싶고 권하고 싶은 우리들의 희망입니다.

오늘 몇 시간의 만남과 나눔으로 몇 겹의 업장이 절로 녹는 듯한 은혜를 느끼며, 이분들이 제게 오신 오늘의 부처요 보살이시라는 믿음으로 가슴이 그득한 하루였습니다. 설령 이 모든 묘사가 오직 나의 주관적인 염체에 불과할지라도, 그것으로 제가 깊게 기쁘고 제

안에서 그들이 높게 모셔지니 좋습니다. 그리고 제게 고요한 경책이
되어 주니 더욱 좋습니다.

　마음속 구석구석의 검불을 새삼 엄숙하게 점검해 보는 하루였습
니다. 검불 없는 삶, 호리의 검불도 없는 삶을 흠모하며 오늘도 묵묵
히 애써 가겠습니다.
　종일 가지런히 곱게 내리는 빗줄기가 마음을 차분하게 합니다. 이
세상 모두의 평화로움을 다시금 깊게 빌며 하루를 마감합니다.

2006년 6월 중순

보람이네 가족

행복의 조건은 다소 열악해도 행복하게 살아가는 우리들의 보통 이웃이다.
큰 부자도 아니요, 온전한 신체도 아니요, 권력가 집안도 아니요,
뼈대 있는 가문도 아니다.

보람이네 가족은 떠올리기만 하여도 입가에 미소가 지어진다. 가슴이 훈훈해지며, 내 삶의 모든 것들을 뒤돌아보며 반성하게 하고, 겸손하고 다소곳한 기도를 올리게 한다. 아마 보람이네를 아는 사람이라면 거의 모든 사람이 그러할 것이라 믿어진다. 나는 우연한 기회로 이 가족들과 지인이 되었다. 가끔씩 만나서 살아온 이야기들을 나누며 어느덧 정이 들어 가까운 벗이 되었다.

보람이네 가족은 네 사람으로 구성되어 있다. 대학 2년인 보람이, 대학 4년인 오빠 희승이, 그리고 시각장애자로서 지압전문가이신 보람이 아빠, 그리고 그 아빠의 평생의 반려자이신 보람이 엄마

미숙 씨이다.

　보람이네 가족들은 늘 행복해 보인다. 그리고 본인들도 행복하다고 말한다. 보람이가 세상에서 가장 존경하는 사람, 가장 사랑하는 사람, 가장 편안함을 주는 사람, 그러면서도 가장 조심스럽게 하는 사람이 바로 보람이 아빠시란다. 언젠가 보람이가 말했다고 전한다. "아빠, 아빠는 이 시대의 예수님이신가 봐요. 아빠와 함께 있으면 마치 예수님을 대하고 있는 듯 평온하고 좋아요. 그리고 아빠의 모든 모습이 너무도 배워지고 존경스러워요. 제 평생의 파트너도 아빠와 같으면 좋겠어요."

　희승이는 말하기를, "아빠는 우리의 모든 것을 다 이해하시고 수용해 주시고 마냥 사랑해 주시기만 하는데도, 그런 아빠가 하염없이 감사하고 사랑되고 편안하면서도, 아빠는 항상 조심스럽고 어려운 분으로 모셔져요. 그런 아빠가 너무도 자랑스럽고 존경스러워요."

　보람이 엄마인 미숙 씨가 전하는 말, "희승이 아빠는 너무 감동적인 분이세요. 23년을 함께 살아왔지만 화를 내는 모습을 한 번도 본 적이 없어요. 그리고 늘 자애롭고 부지런하시며, 모든 것에 너그럽고 수용적이며, 자녀들에게도 단 한 번도 큰소리로 나무라시는 모습을 본 적이 없답니다. 항상 자녀들을 믿고 묵묵히 지켜봐 주시며, 아내인 나에게 대하여서도 늘 커다란 느티나무처럼 언덕처럼 의지처가 되어 주고 있습니다. 흔히 시각장애자와 그의 부인이라는 선입견으로 세상은 우리를 보고 있을 수 있는데, 저는 희승이 아빠가 장애자라는 생각을 미처 할 수도 없을 만큼 모든 것에 오히려 힘이 되어주고 계심에 늘 감동합니다. 나는 다시 태어나도 희승이 아빠를 만나고 싶습니다."

몇 차례고 들은 이야기이지만 들을 때마다 가슴이 뭉클해진다. 두 분께서 대화 나누고 있는 모습을 옆에서 함께하고 있노라면, 이보다 더 아름다운 풍경이 있을까, 이보다 더 고운 음악이 있을까. 이보다 더 따사로운 맛이 있을까 할 정도로 감동된다.

보람이네 가족은 기독교도로서, 보람이 엄마 아빠는 비가 오나 눈이 오나 거의 하루도 안 빠지고 일년 365일 새벽기도를 나가신단다. 4시에 기상을 하여 두 분은 나란히 손을 잡고서, 약 20여 분을 걸어서 교회에 이르러 약 1시간 정도의 예배와 기도를 올리고 돌아오신단다. 주일에는 온 가족이 교회에 나가서 주일 예배를 올리고 조용하고 다정한 휴식을 취하는 듯하다.

아무리 인격이 훌륭한 분이시라지만 시각장애자로서 생활의 불편함이 있을 것인즉, 항상 누군가가 옆에 있어야 안심되는 생활이 될 것이 아니겠는가? 보람이 엄마 미숙 씨는 평생을 그분의 옆자리에서 멀리 가지도 못하고, 여행 한번 제대로 못해 보고, 혼자 훌쩍 떠나보는 일이란 아예 상상도 못해 보고, 하루 종일 함께하기를 몇 십 년 해 오셨음에도, 나날이 감동하고 감사하고 존경하는 마음을 낼 수가 있다는 것이 참으로 놀라운 일이다. 늘 밝고 맑고 경쾌한 그 여인의 목소리와 모습은 진정 가슴이 시리도록 아픈 존경심과, 무엇인가 알지 못할 부끄러움을 느끼게 한다.

희승이는 여느 대학생처럼 요즈음의 젊은 친구 한 사람이다. 고등학교 다닐 때이다. 머리카락에 빨간 물도 들이고 싶고, 온 동네를 다 쓸고 다니는 힙합바지도 입어보고 싶은 희승이가 어느 날 머리에 염색을 하고 힙합바지를 사 들고 들어왔단다. 어머니 미숙 씨는 기겁을 하며 등짝을 두들기며 하소연을 하니 그 곁에서 함께하고 계시던 희승이 아빠 왈, "멋있는데 뭘 그래? 그리고 그 바지 입으려면 기운 깨나 들겠네!" 하며 호탕하게 웃으시더란다.

이렇게 구김살 없이 자라고 있는 희승이와 보람이, 그네들은 가끔씩 아빠와 팔짱을 끼고 쇼핑과 외식을 하러 시내에 나가는 일이 참으로 즐거운 일 중의 하나란다. 어쩌다가 어머니 미숙 씨가 교회의 구역모임이 있어 자리를 비울 때면, 안집에서 지압원까지 거리가 약 1킬로미터쯤 되는데 보람이나 희승이가 어머니 대신 아버지의 퇴근 길을 돕는 일이 어릴 적부터의 일이다. 착하고 온순하며 꾸밈없는 보람이의 얼굴에서, 자연스럽고 천진하며 구김살 없는 희승이의 모습에서 그들의 부모님의 향기를 맡을 수 있다.

　보람이네 가족의 경제력은 그다지 넉넉한 것도 아니다. 생계의 근원은 오직 보람이 아빠의 지압원에서 나오는 보수가 전부이다. 그럼에도 그들은 모두가 경제에 대하여 불안해 하거나 걱정하는 일이 없다. 언젠가 내가 보람이 아빠께 여쭌 적이 있다. "선생님, IMF 이후에 손님들도 많이 줄고 아이들은 자라서 대학도 가야 하고 생활이 빠듯할 텐데 다소 마음이 쓰이네요." 하였더니 선생님 왈, "아닙니다. 지금까지도 보살펴 주셨는데 앞으로도 어떤 상황에서도 하나님께서 보살펴 주시겠지요. 그리고 욕심 내지 않으면 됩니다. 욕심이 걱정을 만들지, 주시는 만큼 쓰면서 살아가면 되니까요." 하고 담담하고 고요하게 말씀하시던 모습이 얼마나 사람의 마음을 편안하게 하던지……!

　보람이네 가족들은 서로 믿고 존중하며 사랑하고, 각기 제 할 일을 충실히 하면서 하루하루를 엮어가는 평범한 시민들이다. 흔히 말하는 행복의 조건이 다소 열악한 상태이지만 오히려 더욱 행복한 삶을 살아가고 있는 우리들의 이웃이다. 무엇이 이들을 이렇게 평화롭고 기쁘게 하며, 이들을 이토록 아름답게 보이도록 할까? 큰 부자도 아니요, 온전한 신체도 아니요, 권력가 집안도 아니요, 뛰어난 가문도 아니다. 그저 평범한 가정의 보통 사람들이다. 무엇이 이들을 이다지 행복하게 하며, 무엇이 이들을 이다지 돋보이게 할까?

행복에 대하여, 행복의 조건에 대하여 다시 생각하게 한다. 우리들의 욕심체계들을 다시 돌아보게 한다. 우리들의 마음 구석구석을 헤집어 반성하게 한다. 우리를 부끄럽게 하며 우리에게 희망을 느끼게 한다. 우리에게 사람됨의 자부심을 갖게도 한다.

보람이네 가족들을 위해 가장 정성스런 기도를 올리고 싶다. 새삼 감사와 존경의 합장을 올린다. 가슴에 가득 고이는 맑은 눈물이 내 영혼을 씻어 주는 듯 은혜롭다.

가정의 달 5월을 맞이하여 평범한 이웃의 행복한 한 가정을 떠올리며, 이 세상 모두가 행복한 가정 이루시길 간절히 기원하며 이 글을 바친다.

2004년 5월 1일

믿음의 공덕

'하나님 아버지, 나는 없습니다.
내 하루의 삶을 다 당신께 바칠 터이니 당신이 알아서 하십시오.
내가 알아서 살려고 한다면 이런저런 실수도 있고 고약한 결과도 있을 것인즉,
당신 인도하시는 대로 내가 살 것이니 그저 인도하소서.'

정(鄭) 장로님을 떠올리면 옷깃이 여미어지고 마음가짐이 단아해지며 합장이 올려진다. 정 장로님의 신행생활에 대한 감동과 존경심에서다.

정 장로님은 모태신앙인이자 개신교 장로로서 고등학교 교장선생님을 하시다가 정년을 마치신 지 4년이 되셨고, 지금은 당신이 다니시던 교회의 일들을 적극적으로 보살피시면서 일반 신도들에게 돈독한 신앙생활의 본이 되어 주시는 분이다. 그분은 지금부터 38년 전 평교사 시절에 갑장이신 내 스승님과 한 학교에서 2년 정도 같이 봉직하시며 절친한 친구가 되셨고, 그런 연유로 나와도 인연이 되어 두 어른이 가끔 만나시는 자리에 함께하면서 경륜이 깊으신 어른들의 향기를 맡으며 많은 감화를 받곤 하였다.

얼마 전 우연히 두 어른과 다른 젊은 한 분과 함께 광주 비엔날레를 관람하면서 또 한 번의 시간을 갖게 되었다. 평생의 일이셨던 교육자로서의 일을 놓으시고 그 많은 시간과 세월을 무엇으로 보내고 계시며 다소 활기가 떨어지시지는 않으셨을까 내심 마음 씀이 있었는데, 여전히 건강하시고 행복하시며 아직도 이것저것 할 일이 많으신 양 즐겁게 바쁘신 모습을 뵙고 마음이 놓이며 감사했다. 그리고 궁금했다. '저분의 삶의 에너지원은 무엇일까?', '저분 속의 하나님은 어떤 분이실까?' '무엇이 저분으로 하여금 한결같이 밝고, 즐겁고, 활동적이게 할까?' 하고 말이다.

때마침 내 스승님께서 내 속을 들여다보시기라도 하신 듯 물으셨다. "정 장로! 항상 그렇게 즐겁고 신이 나시오? 그리고 정 장로는 참으로 복이 많으신 분 같아요. 그런 편이시지요?" 하셨다.

이때 정 장로님의 시원시원한 대답은 우리 모두의 입을 꾹 다물게 하였고 급기야 숙연한 명상 분위기 속에 잠기게 했다. "최 선생, 내가 안 행복할 이유가 뭐가 있겠어요? 걱정할 일이 아무 것도 없는데? 매일 아침에 자고 일어나서 기도 올릴 때마다 아예 이렇게 고해 바치오. '아버지, 나는 없습니다. 내 하루의 삶을 다 당신께 바칠 터이니 당신이 알아서 하십시오. 내가 알아서 살려고 한다면 이런저런 실수도 있고 고약한 결과도 있을 것인즉, 당신 인도하시는 대로 내가 살 것이니 그저 인도하소서!' 딱 그렇게 마음먹고 하루를 시작한다오. 그러면 나의 모든 생활 즉, 일거수일투족이 다 하나님의 뜻대로 되고 있다는 확신이 있으니 아무 걱정이 없어요! 그리고 그 결과에 대하여서도 '당신'이 알아서 다 처리하신다고 믿고 있으니 내가 성화를 낼 필요가 무엇이 있겠어요? 안 그래요? 확실히 믿어지는데요, 뭐! 이보다 더 큰 복이 어디 있을까? 그리고 말이오! 내가 청년 시절 신앙이 덜 영글어 딴 짓을 좀 하고 새벽기도도 안 나가고 할 적에, 내 어머니께서 조용조용 이렇게 말씀하시곤 했거든요? '그렇게 딱 믿어지질 않으냐? 믿어버리면 참 좋은데 말이다! 언젠가는 그래질 날이 올 것이다.' 하시면서 평생 하루도 안 거르시고 새벽기도를 나가시면서도 나에게 신앙을 강요하시지 않고 지켜봐 주시더군요.

그러더니 내가 나이 먹어 가면서 더욱 그 어머니 마음을 알겠어요."

아직 티 없는 아이처럼 두 눈을 반짝이며 맑고 힘 있는 목소리로 들려주시는 정 장로님의 그 믿음이 어찌 그리도 확고하고 탄탄한지, 한 줄기 빛살도 새들어갈 틈이 없을 정도였다. 듣는 이로 하여금 온몸이 경건한 두려움으로 굳어지게 하였고, 숨조차 죽이게 하는 성스러운 에너지가 느껴졌다.

나는 눈물이 울컥 쏟아졌고, 나도 모르게 합장을 올렸다. 정 장로님의 믿음에 감염이라도 된 듯, 내 마음도 탄탄한 기쁨으로 가득차는 것을 느꼈다. 이런 것을 은혜라고 하던가? 그 이전에도 더러 정 장로님의 믿음에 대한 말씀을 들어오긴 했지만 그날의 느낌은 더욱 각별했다. 아마 내 평생 잊을 수 없는 은혜로 기억될 듯싶었다. 같이 있었던 다른 분들의 소감도 대동소이했다.

나는 돌아와서도 간간히 자신에게 묻곤 한다. 정 장로님의 믿음처럼, 한 줄기 빛살도 새들어갈 틈 없이 확고하고 탄탄한 저 믿음처럼, 다른 사람으로 하여금 숨을 죽이게 할 만큼 경건한 두려움으로 합장을 올리게 할 만한 나의 믿음, 나의 지향점, 나의 가치관이 무엇인가 자문하며 짚어 보곤 한다. 그래서 그 믿음이나 지향점이나 가치관을 살아내기 위해 죽음을 불사하고 혼신을 다 바칠 만큼의 열정을 자아내게 하는 그런 양심을 그려본다.

그럴 때마다 나는 사정없이 부족한 자신의 양심을 부끄러워하며,

그 부끄러움을 감사해 하며 오늘 하루도 다져 간다. 무아(無我)라 공(空)이라 하였는데, 자아를 벗어던지고 주검처럼 고요히 나 없음을 살고 있는가? 본래청정(本來淸淨) 본래무일물(本來無一物)이라 하였는데, 가히 허공처럼 일없이 살고 있는가?

동사섭 문화의 마지막 지향점은 돈망(頓忘 : 본래청정, 본래무일물)의 삶이다. 돈망을 바탕으로 하여 이런저런 가치론적 삶을 풍성하고, 다정하고, 곱게 꾸려 가자는 것이다. 갖갖 풍성한 삶을 가꾸어가더라도 끝내는 돈망으로 쉬어가는 삶을 살자는 것이 동사섭인의 목표이다.

스승님을 모시고 동사섭 프로그램을 계발하고, 발전시키고, 살림을 꾸려오며 보낸 세월이 어언 4반세기이다. 남은 생 또한 오롯이, 지금껏 바쳐온 세월에 준하여 그 누구보다도 인격으로 본을 보이며 책임감 있게 동사섭인으로서의 삶을 수놓아 가야 할 사람이다. 저 정 장로님처럼 맑고 탄탄한 믿음과 정진력을 가져야 할 터!

어느덧 또 한 해가 기울어 간다. "나이값, 밥값을 더 해야지?" 하면서 저무는 서녁 노을을 바라본다. 비장하면서도 한가로운 마음이 참 좋다.

2006년 12월의 하루

버스 기사에게서 배우다

동사섭 수련회에서 안내하는 가치관의 벽두에 임장기초신념(臨場基礎信念)이 있다. 우리는 순간순간 어떤 장에 임하게 되고, 그 장에서 한 마당의 삶을 살게 된다. 이 삶이 행복한 삶이 되도록 하기 위하여서 장에 임하는 기초적 태도를 정립하는 게 좋다는 의견이고, 그 기초적 태도로서 두 개의 신념을 안내한다. '그곳의 주인이 되어', '그곳을 천국으로 만들자' 는 것이다.

직업소임을 담당하시면서, 그리고 생활 속에서, 있는 곳의 주인이 되어 그곳을 천국으로 만들고 있는 한 아름다운 기사님을 만난 이야기를 나누고자 한다.

며칠 전 서울에 볼 일이 있어서 간만에 버스를 탔다. 장수에서 서울까지는 약 4시간 정도 소요되는 거리이다. 앞이 훤히 틔어 있어 시원한 전경도 누릴 겸 기사님의 바로 뒷좌석에 자리를 잡았다. 장수는 아직 상당한 시골에 속한 이유이기도 하겠지만 대체로는 본인의 자동차로 움직이는 연고로 명절이나 휴가철의 잠깐 동안을 빼놓고는 대형버스에 승객 겨우 5~10명 정도 태우고 가기가 일쑤라 한다. 어떤 때에는 단 한 분의 승객과 서울을 간 적도 있다고 한다.

오늘 내가 탄 버스에 타신 승객은 열 분이셨다. 올해 환갑을 맞으셨다는 기사님의 이런저런 말씀들이 점잖으면서도 유연한 사고세계를 보여주시고, 심도 있게 유익한 몇 말씀이 곰삭혀 봄직하여 그 여운이 오래 갔다. 도처에 삶의 지혜로운 선생님이 계심을 다시 고개끄덕이며 한결 낮아지고 맑은 마음이 되게 하는 감사한 날이었다.

발차 시간이 되어 모든 승객들이 착석하자 기사님께서 앞에 서서 환히 웃는 얼굴로 정중하고 따뜻하게 인사를 하며 하신 말씀이다. "우리는 서울에 도착할 때까지 4시간 정도 동안 생사안녕을 함께하는 계약가족입니다. 여러분들은 제게 최대한의 안전과 편리를 요청할 수 있고, 저는 여러분들을 도착지까지 안전하고 편안하게 모셔야 할 소임을 맡은 사람입니다. 불편한 점이 있으시면 기탄없이 말씀해 주시고, 마중 나올 분들께는 10분 정도 전에 나와 계시라고 일러주

십시오. 하차 후에는 자칫 서로 찾기에 번거로워질 수가 있습니다. 아울러 신탄진 휴게소에서 약 15분 간 쉬어 가겠습니다. 다소의 시간이 더 필요하신 분은 그때 말씀해 주시면 참고하겠습니다.”

직업적으로 익어져 있는 의례적인 인사말이 아니라 다사로운 정성이 어려 있고 편안함과 친절함이 담뿍 담긴 이 한 마디 말씀에 나는 벌써 감동하여 가슴이 뭉클, 미소와 합장이 절로 나왔다. ‘아, 이분은 임장기초신념을 살고 계신 분이시구나!’ 라는 생각이 들었다. 임하시는 곳에서 주인이 되어, 함께 임하는 모든 분들의 행복을 위해 온전히 존재하는 분 같았다. 기사님의 인사와 안내 말씀이 끝나고 발차한 후에 나는 기사님 뒷자리에서 몇 차례고 대원기도를 올리며 답례를 하였다.

그 밖에도 기사님께서는 뒤에 앉은 내가 일반인이 아니라 불교수행자의 행상을 하고 있으니 각별한 생각이 들었던지 이런저런 말씀도 건네셨다. 운전에 지장 가지 않을 정도로 유념하면서 기사님께서 하시는 말씀들에 나도 슬쩍슬쩍 훈수를 들면서 대화를 나누었다.

휴일엔 주로 동네 경로당엘 가신다는 이야기, 경로당에 가시면 아직 노인층도 아니어서 어중간한 입장이라는 것, 그렇다고 다른 곳에서 시간을 보내기로는 경제적으로나 정신적으로 효율이 별로라는 말씀, 경로당에서 어른들과 어울릴 때에는 몇 가지의 준칙을 갖는다는 점, 그 하나가 바둑이나 장기를 둘 때에 이기려 하지 않아야 한다는 점, 지더라도 계속적으로 져서는 싱거워하시니 안 된다는 것, 가끔 이기기도 해야 하는데 이길 때에는 아주 적은 점수로 이겨야 도전적 에너지를 강화하여 흥이 나시도록 해 드릴 수 있다는 것, 그런 노력들이 재밌고 보람이 느껴진다는 이야기, 이만 원에서 이만 오천 원 만 하면 막걸리 한 통 대접하고 다소의 과자 부스러기를 안주로 내어 푸짐한 하루 간식거리가 되어 준다는 것, 어디에 가서 하루에 그만한 돈으로 그만큼 즐겁고 의미 있고 따뜻한 하루가 되겠냐는 등등의 이야기이다.

말씀 하나하나에 삶의 지혜와 사람에 대한 정감이 인격의 향기로 묻어나온다. 경로당에 가서서도 그곳의 주인이 되어, 그곳의 행복을 두루 살피시며 행복해 하시는 생활의 한 단면이다. 그에 덧붙여, 장수 등의 시골 읍에서 서울로 가는 걸음에는 거의 빈차로 가다시피하여도 서운하거나 허전해 하지 않다는 것, 단 한 분의 승객이라도 기꺼이 최고의 서비스로 모시고자 하는 정신을 갖는다는 말씀이 폐부 깊숙이 스며들며 울렸다. "아, 이분은 시외버스 기사님으로서의 프로이시구나!" 가슴이 시큰거리며 탁 트이는 시원함이 느껴졌다.

수련 안내와 강의를 주업으로 하고 있는 나에게, 마라톤 상담을 하다 보면 사람에게 지치고 고단해질 수도 있는 나에게 큰 교훈의 말씀이셨다. 단 한 사람의 수강생이 오더라도, 아무리 힘든 내담자에게라도 더욱 최대한의 정성과 자비로서 임하여야 함을 거듭 새기게 하는 말씀이셨다.

차 안에서 잠도 좀 자고, 바깥 경치도 한가롭게 좀 둘러보고, 게으르게 명상도 하면서 편안한 여행길을 만들 요량으로 버스 편을 택하였는데, 원했던 성과를 다 거두면서도 의외의 수확까지 얻은 훈훈한 하루였다.

5월은 햇살이 따사로운 달이기도 하지만 우리네 마음도 더욱 따사롭게 만들어 가게 하는 가정의 달이다. 가족의 각인이 가정의 주인이 되어 가정천국을 만들어 가시고, 직장에서도 모두 주인이 되어 사원들을 가족처럼 살갑게 살피며 직장천국도 만들어 가시고, 가족을 떠나 있는 가슴시린 이웃들을 돌아보고 한 움큼씩의 정을 나누며 세상천국을 만들어 가는 5월이 되시라 지심으로 기원한다.

2007년 5월 2일

지음

사람의 한 평생은 외로운 여행길이다.
목숨 걸고 몰입해 가고자 하는 자신의 가치관이나 소박한 생활고에 이르기까지
자신의 속마음을 통통 털어놓고 나누며 그럴 때마다 편안하고 감사하며 시원하기까지
한 벗을 우리는 몇이나 만들고 살까.

지음(知音)이란 '소리를 알아줌' 이라는 뜻으로 마음까지 깊게 잘 통하는 절친한 벗의 의미로 발전하였으며 백아절현(伯牙絶絃)이라는 중국 고사에서 유래한다. 백아절현의 고사는 중국 전국시대 초나라 때의 일화로, 거문고 명연주자인 백아가 수십 년 만에 비로소 그의 음악세계를 제대로 알아주며 장단 맞추어 주던 종자기(種子期)를 만난다. 그 종자기가 죽자 무덤에 가서 통곡을 하며, "내 음악을 알아줄 자 없으니 더 이상 거문고를 뜯은 들 무슨 의미가 있으랴!" 하며 칼을 꺼내어 거문고 현을 끊어버리고 다시는 거문고를 타지 않았다는 유명한 이야기이다.

청소년 시절에 이 고사를 듣고 얼마나 감동하였던지 뜨겁게 오열했던 기억이 새롭다. 그 누군가에게 종자기 같은 지음이 되어 주고 싶다는 생각을 했었고, 내 생애에 종자기 같은 지음을 만날 수 있기를 빌기도 했었다. 그 나이에 누구나 다 꿈꾸어 보는 작은 소망이기도 하려니와, 사실 평생을 두고 우리 삶 속에서의 은근한 소망이기도 할 것이다.

사람의 한 평생, 어떤 의미에 있어서는 외로운 여행길이다. 목숨을 걸고 몰입해 가고자 하는 자신의 가치관에 있어서나 심지어 소박한 생활고에 이르기까지의 속마음을 통통 털어놓고 나누며, 편안하고 감사하며 시원하기까지 한 벗을 얼마나 지니고 살고 있을까 자문해볼 때에, 어쩌면 우리 모두 묵묵으로 답하며 고독을 수용하고 살아가고 있을 수도 있다.

이제 반평생을 확실히 넘어서고 있는 듯한 나이의 요즈음, 살아온 날과 살아갈 날을 넘나들며 삶에 의미 있는 말씀들 혹은 경험들을 깊게 반추해 보는 시간이 잦다. 지음이 그 하나이다.

정호는 올해 다섯 살의 남아이다. 미운 일곱 살이라는 말이 있는데 요즈음은 미운 다섯 살이라고 한단다. 정호도 요즈음 한창 미운 짓을 해댄다. 쉴 새 없이 떠들고 움직이며, 뭐든지 자기 고집대로 하려고 하고, 어른들의 말 꼬리를 따라서 흉내 내고, 많은 말들을 거꾸로 뒤집어서 말도 안 되는 반대말로 따라해 보는 등등 미운 짓이라 이름붙일 만한 행동을 상당히 한다. 무엇보다도 정신이 없을 정도로 나댄다.

그 엄마 아빠는 주기적으로 나의 처소로 와서 내 내담자가 되어 이런저런 살아가는 이야기를 나누며 상담을 한다. 그날도 아이는 떠들며 왔다 갔다 하고, 소리도 지르며 엄마 곁에 와서 슬쩍슬쩍 보채기도 하는 등 다소 소란스럽게 존재하고 있었다. 그때 정호엄마는 어린 시절 이야기를 하며 울고 있었고, 아빠는 묵연히 공감하고 고개를 끄덕끄덕하고 있었다. 나 또한 눈물을 닦아 내고 있는 중이었다.

밤이 이슥하여 우리가 자리를 털고 일어나고자 할 즈음에 정호가 가까이 다가와서 한 말이 우리를 놀라게 했다. 그리고 이은 정호의 행동에 모두 눈시울을 적셨다. "정호야, 이제 가서 자자!"고 하는 엄마의 권유 다음의 정호의 말, "엄마, 엄마의 엄마랑 산으로 올라간 이야기 다시 해 봐! 응? 응?" 하는 것이었다.

그 부분은 우리가 나눈 이야기 중의 클라이막스라 할 수 있는 부분으로서 모두 눈물로 함께했던 곳이었다. "아니, 이 아이가 그 소란 중에서도 그 이야기를 귀담아 들었단 말인가? 그리고 그 부분이 가슴에 그 어떤 의미로 다가갔단 말인가?" 우리는 놀랐다. 그래서 물었다. "정호야, 왜 그 이야기가 듣고 싶어?" 정호의 대답, "그냥, 그냥, 빨리 해줘!"

그래서 나는 다시 그 부분만 요약해서 그대로 들려줬다. 그러자 정호는, "엄마 아까처럼 다시 울어봐!" 하는 것이었다. 엄마가 우는 시늉을 했더니 화장지를 한 장 빼어내서는 엄마의 눈물을 오랫동안 닦아 주는 것이었다. 그러면서 엄마가 또 물었다. "정호야, 그 이야기 듣고 어떤 느낌이었어?" 하자, "마음이 슬펐어."라고 답하는 것이었다.

우리 모두는 참으로 놀라고 감동되어 한참 말을 잃었다. 겨우 다섯 살 된 아이가, 그것도 그렇게 소란스러운 존재였던 아이가 그 말을 경청하며 깊게 함께하고 있었다는 것이 극명하게 드러났다. 더욱 믿기 어렵도록 놀라웠던 것은, 내가 다시 그 부분의 이야기를 해주고 있었을 때의 정호 태도는 식탁 위에 손을 가지런히 올려놓고, 아주 진지하고 조용하게, 오직 잘 듣겠다는 자세로 잠시 있었다는 사실이다. 이때까지의 그 소란스러운 모습을 짐작할 수 없을 정도의 진지한 모습으로 말이다.

다섯 살 난 어린 자식이 이런 지음이 되어 주다니, 그것도 어미의 생애에서 절정이라 할 수 있는 부분의 슬픔을 이토록 깊게 함께해 주다니……! 정호엄마의 한평생이 다 위로되는 듯, 천하의 외로움이 다 가셔지는 듯했다. 평생 잊지 못할 참으로 감동스러운 장면이었고, 두고두고 무엇인가를 깊게 생각하게 하였다.

자신을 잘 알아주는 이가 없다고 하며 우리는 더러 외로움 타령을 하곤 한다. 이때 되돌아볼 일이다. 자신은 다른 누군가를 외롭게 하고 있지는 않은지, 다른 누군가의 지음이 되고 있는지 말이다. 평생을 두고 단 한 사람의 지음을 만난다 하여도 그는 성공한 인생이라 할 수 있을 것이라고 옛 어른들은 말한다. 일고수이명창(一鼓手二名唱)이라 하였던가! 명창 뒤에는 늘 명고수가 있었다 한다.

백아가 절현을 한 심정을 다시 절절히 느껴 보면서 세상 모두의 지음이 되고자 하는 오만은 감히 삼가더라도 다만 몇 사람에게라도, 아니 오직 한 사람에게라도 종자기 같은 지음이 되어 보리라 하는 고운 원을 가만히 다지기도 하고, 주변의 모두를 명창으로 만들어 내는 고수가 되지는 못할망정 가까운 주변 사람들의 심정을 외롭게 만들지는 않도록 좀더 깨어 있어 보자는 결심을 거듭해 본다.

아집의 정도만큼 주변의 마음이 보이지도 들리지도 않을 것임은 틀림없다. 이러한 원리는 끝내 우리를 종자기도 되게 하고, 명고수

로도 만들어 줄 것이다. 겨우 다섯 살밖에 안 된 정호가 고사리 같은
손으로 그 어미의 눈물을 닦아 주던 장면을, 그 눈빛을 평생 기억하
리라.

폭염의 8월이다. 허나, 자성의 칼날은 어느 철이든 늘 서늘하다.
아집에 대한 서늘한 자성으로, 종자기의 무덤가에 선 듯 시린 그리
움으로 불볕 더위를 식혀 본다.

2007년 8월 2일

"나쁜 년!"

하늘이 무너지기라도 한 듯 할 말을 잊고 계시던 할아버지께서 가운 밑으로
할머니의 양 다리를 잡더니 한참만에야 입을 떼고 나지막이 울먹이며 말씀하셨다.
"나쁜 년!"

2007년 여름 수련회 때에 서울에서 오신 50대 초의 한 남자분[김
모님]이 전해주신 이야기이다. 지금부터 13년 전인 1994년의 어느
봄날, 서울에 있는 성빈센트 병원 응급실에서 있었던 일화라 한다.

그분은 아내와 함께 응급실에서 누군가를 병문안 하고 있는 중이
었고, 바로 그 옆 침대에서는 70대 중반의 할머니께서 곧 숨이 넘어
갈 듯한 상황에 처해진 듯 의사와 간호사 분들이 분주하게 왔다 갔
다 하시며 보호자로 계시는 영감님께 자녀들에게 연락은 취하셨는
지, 언제쯤 도착하는지의 여부를 거듭 묻고 있었다 한다. 그러던 중
미처 자녀들이 오기도 전에 할머니께서는 운명을 하셨고 이내 하얀

가운으로 덮여졌다 한다. 하늘이 무너진 듯 할 말을 잊고 계시던 영
감님께서 가운 밑으로 할머니의 양 다리를 잡고 한참만에야 입을 떼
고 나지막이 울먹이며 하신 말씀,

　"나쁜 년!"

　가슴 조마조마하며 그 광경을 지켜보던 이 부부는 함께 오열을 터
뜨렸다 한다. 그 한 마디 속에 들어 있는 영감님의 마음이 천 마디
만 마디보다 더, 대성통곡보다 더 호소력 있게 전해져서란다.

　집으로 돌아가는 길에 김모님 부부는 서로 손을 꼬옥 잡고 몇 차
례고 다짐을 했다 한다. "우리도 언젠가는 기어이 서로에게 나쁜 사
람 되고 말 터, 아웅다웅 다투지 말고 서로 깊게 이해하며, 살갑게
살다가 가자."고. 그 이후 서로는 가끔 다투기도 해 오지만 그럴 때
마다 그 얘기를 나누며 화해를 하고, 아직까지 영감님의 그 한 마디
에 서려 있는 절대적 낙망과 고독감을 생생하게 기억하며 눈시울을
적신다고 한다.

　마음나누기 시간에 들려 주신 이 일화는 구성원 모두를 감동시켰
고 눈물바람을 만들었다. 입이 무겁고 덩치가 큰 남정네들도 눈가가
빨개지더니 화장지로 슬쩍 코 푸는 척하며 눈물을 찍어 낸다. 나 또
한 그 이야기를 들으며 얼마나 가슴이 저몄던지 아프게 울었다. 지
금도 문득문득, 마치 그때 그 장소에서 함께했던 사람마냥 영감님의
그 한 마디가 귓전에 맴돈다.

"나쁜 년!"

오랜 세월 동안 어줍지 않게 상담자 역할을 많이 해 왔다. 부부 상담도 더러더러 했다. 오늘도 50대 초의 한 여인이 와서 겨우 인사를 나눈 뒤에 한참 동안 결혼생활 25년의 역사를 토해냈다.

전에는 참고 또 참으며 마음속에 담아두는 것을 미덕으로 알고 살아왔는데 이제 갱년기 건강을 위하여서라도 누군가에게 나누지 않으면 안 될 것 같은 위기감도 느껴지고, 또 아들이 너무도 좋아하는 스님이기에 만나기도 전에 이미 호감과 신뢰가 충분하여 만나서 좀 토로하고 싶었다 한다.

마치 봇물 터지듯 거침없이 이어지는 그 여인의 이야기를 듣고 있자 하니 마음이 아프기도 하고 안쓰럽기도 하였지만 그러저러한 상황을 잘 견뎌낸 세월에 대한 존경심이 크게 일었고, 삶의 지혜와 인고의 덕향이 묻어나는 여인의 고운 눈물에 합장이 올려졌다.

남이 되어 어찌 그 속을 다 알 수 있으리요마는 나름대로 몇 마디 격려와 찬탄의 말씀을 드렸다. 그 중, "젊을 때에는 스님 되어 무슨 큰 도를 닦고 있는 것처럼 마치 선민이나 된 양 드높은 자부심이 있었는데, 나이 들고 철이 조금씩 두터워져 가니 선명히 보이는 것 하나가 있습니다. 세상 사람들이 정말 도인들이시구나! 자라온 환경도 다르고, 성격도 다르며, 욕구체계도 다른 사람들이 부부가 되어 서로 적응해 가는 일이며, 직장의 상하 그리고 동료들의 관계 적응, 아이들의 교육문제와 생활고 해결 등등 전후, 좌우, 상하에 온통 지뢰밭 같은 과제들이 산재해 있으니 도 닦는 마음이 아니고서야 어찌 배겨 내겠습니다. 모두 존경스럽습니다. 여러분들이야말로 제대로 도 닦는 분들이십니다."라는 말에, "스님, 딱 맞는 말씀이십니다. 정말 도 닦는 마음으로 견디며 살아왔습니다. 그 말씀을 들으니 제 마음 깊은 곳에서 눈물이 나며 위로가 되는군요."라고 하시며 얼마나 반가워하고, 감사해 하며, 속 시원해 하시는지 좋은 보시가 된 듯하여 내 마음도 따라 평안해졌다. 다음 기회엔 어떻게 해서라도 남편을 모시고 와서 스님을 만나게 해 드려야겠다고 벼르며 오늘 후련한 정화가 좀 일어났다고, 또 오겠노라고 하시면서 떠나는 뒷모습에서 세상 많은 사람들의 일상과 삶의 애환이 더듬어지며 가슴이 시큰했다.

그러면서 다시 영감님의 그 한 마디가 떠올랐다. 저러다가 둘 중 한 분을 먼저 보내고 나면, 몇십 년의 세월 치룬 농도만큼의 회한이 눈물 되어 흐르겠지! '나쁜 사람!' 하며, 못 다한 살핌과 사과와 용서를 탄식하며 울겠지? 우리도 또한 언젠가 그 누군가에게 나쁜 사람이 되기도 할 터, 관계미학에 대한 최선을 한 번 더 깊게 생각하게 하는 하루였다.

푹푹 찌는 더위로 모두 아우성이다. 그러나 따가운 햇볕 사이로 간간이 부는 바람결은 얼마 전과 확연히 다르다. 입추가 지난 까닭이다.

늘 느끼는 것이지만 절후라는 게 참 묘하다. 절기 하나씩 바뀔 때마다 그 하루 전과 완연히 다른 느낌을 느끼게 하니 말이다. 널 모레면 처서이니 더위가 한결 식을 것이 틀림없다. 이러다 저러다 한 철씩 훌쩍 지나곤 한다. 무상함에 대한 아찔한 두려움이 인다. 살아온 세월보다 살아갈 세월에 대한 책임감이 더 깊숙이 온몸을 조인다. 이 청량한 부담감이 참 좋다.

무상함이 어찌 세월뿐이랴! 사람의 마음 또한 아니 그러한가! 무상한 인생길에 함께하다 보면 서로서로 들키는 이런저런 못난 모습들, 그것들을 갈구다가 가슴에 생채기가 나고 그늘을 만들곤 한다.

먼저 보내고 나면 다 한없는 한이 되고 말 터! 마음 공부인이라면 더욱더 안 그러겠는가! 큰 바다에 이르면 작은 도랑물도 큰 시냇물도, 빗물도, 오물까지도 다 일미의 짠 바닷물이 되듯, 한 생각 깨우쳐 개아(個我)의 망념을 놓으면 망망대해와도 같은 법계일심(法界一心)이 열리는 것을! 우직한 갈앙심(渴仰心)으로 막바지의 더위를 잊어나 볼까.

2007년 8월 21일

헌신

누군가를 헌신적으로 사랑한다는 것, 누군가를 헌신적으로 섬긴다는 것,
어딘가에 헌신적으로 몰두한다는 것의 가치는 아무리 강조해도 지나침이 없다.
그 자체로 지고한 행복이요, 아름다움이며, 품격이기에 말이다.

떠올리면 은근한 깨우침과 감동으로 가슴을 적셔 주는 말들이 더러 있다. 헌신이라는 말도 그 하나이다. 몸과 마음을 바쳐 정성을 다한다는 의미이다. 우리의 삶을, 우리들의 관계를, 나아가서 우리의 사회를 훈훈하고 평화롭게 해주는 덕성이다.

헌신(獻身)이라…… 음미해 보면 해볼수록 마음이 낮아지고 다소곳해지며 옷깃을 여미게 하는 말이다. 다소 성글거나 서툴렀던 마음을 다잡아 주며 커다랗게 마음을 넓혀 주는 말이다. 다 주고도, 다 놓고도, 다 바치고서도 가장 넉넉한 마음이게 하는 말인 듯싶다.

누군가를 헌신적으로 사랑해 본다는 일, 누군가를 헌신적으로 섬겨 보는 일, 어딘가에 헌신적으로 몰두해 본다는 것의 가치는 아무리 강조하여도 지나침이 없으리라. 그 자체로서 지고한 행복이요, 아름다움이며, 품격이기에 말이다. 헌신적이게 되려면 자신을 내세워서는 아니 될 것이요, 헌신적이게 되려면 온전한 사랑이 아니면 안 될 것이요, 또한 헌신적이게 되려면 확실한 가치로 받아들일 때일 것이다. 제대로의 헌신 속에는 무소주심(無所住心)이 전제될 것이다. 무아 실현(無我實現), 무위 구현(無爲具現)의 한 길일 수도 있다는 생각이다.

헌신은 희생과는 구별되는 개념이다. 희생 속에는 자칫 생색이 묻어 있을 수도 있고, 보상심리가 배어 있을 수도 있다. 인류의 역사 가운데서나 가까운 우리 주변에서도 헌신의 삶으로 우리를 부끄럽게 하고, 우리를 깨우치게 하며, 아울러 우리를 자랑스럽게 하는 많은 분들이 있다. 그 가운데 우리들의 어머니, 어머니들의 삶은 이 세상에서 가장 헌신적 사랑의 대표가 아닐까 생각해 본다.

가을철에 접어들면서부터 부쩍 벌 쏘임을 당하여 죽음에 이르기까지 하는 사고가 많이 신문이나 방송을 통하여 보도되고 있다. 지난 9월 1일자 방송에서 접한 뉴스로서 60세 조모께서 손자손녀를 데리고 해거름 산책을 하고 있었는데 갑자기 말벌 떼가 유모차에 있는 손자(2세)와 걷고 있는 손녀(5세)에게 달려들어 마구 쏘기 시작했단다.

말벌은 떼를 지어 몰려들며 표적물을 집중적으로 공격하는 것이 하나의 특성으로 알려져 있다. 할머니께서는 잽싸게 웃옷을 벗어서 손자와 손녀를 감싸고 그 위에 당신의 몸으로 아이들을 덮으며 필사적으로 벌떼들을 방어하셨다 한다. 순식간에 얼굴과 머리, 그리고 몸통 여기저기 백여 군데를 쏘였고, "애들만이라도 제발 살려 달라!'며 벌들에게 호소하는 외침을 듣고 인근 주민들의 신고로 119구급대가 출동해 가까운 병원으로 옮겼지만 할머니는 이내 숨지고 말았다는 이야기다. 감사와 존경으로 감동되며 가슴이 뭉클, 눈시울이 뜨거워졌던 소식이다.

마침 산소에 벌초하러 갔다가 벌떼들을 조심하자는 다짐들을 서로 나누며 함께했던 일행 중 한 사람에게 전해 듣고는 가만히 소리죽여 울었다. 그러한 상황에서, '부모' 가 아니고서는 그 뉘가 그러한 필사적인 헌신의 정성을 다할 수 있을까 하는 생각에서 다시금 모든 부모님, 부모님의 부모님, 누대의 조상님들 모두에게 깊은 감사의 합장이 올려졌다. 그리고 헌신의 덕성에 대하여 새삼 깊게 생각해 보게 했다.

헌신적 사랑에 대한 아름다운 이야기는 효성 지극한 자녀들의 일화에도 많다. 우선 우리들에게 널리 알려져 있는 고전의 한 토막인 〈심청전〉에서도 볼 수 있다. 앞 못 보는 아버지의 눈을 뜨게 하기 위한 일념으로 공양미 삼백 석을 덥석 시주첩에다 올려 놓고서는 그 대책으로 인당수의 재물로 자신의 몸을 내던지는 설화이다.

〈심청전〉은 어찌 보면 너무 단순하고 우스꽝스러운 우화같이 들릴 수도 있는데, 우리는 어른이 되어서도 거듭 감동하고 또 감동하는 내용이다. 그 이유야 많이 있겠지만 가장 유력한 이유 하나로서는 심청의 효성을 통하여 드러난, 사람 속에 내재되어 있는 헌신의 덕성을 최대한 찬양하며 따라보고자 하는 우리들의 염원에서가 아닐까 짐작해 본다. 아무튼 심청의 헌신적 효성은 어느 시대의 사람이든 따라해 보고 싶은 고결한 덕성이라 할 수 있으리라.

동사섭 문화에서의 이상적 목표는 대원이다. 이 세상 모두의 지극한 행복을 염원함이다. 대원정신(大願精神)은 동사섭 문화에서 권장하고 있는 기초 덕성이라 할 수 있다. 일차적으로는 세상 행복을 기원하는 마음가짐을 가지며, 각자 나름의 정성으로 일상의 모든 것들이 대원행(大願行)이 되도록 노력해 갈 것이며, 나아가서는 세상 행복을 위해 온전히 바칠 수 있는 삶이 되도록 정진해 가자는 것이다. 이러히 대원을 삶의 모토로 삼는다.

대원의 궁극적 실천은 아마도 헌신으로 나타날 것이다. 손자손녀들을 살리기 위해 맨몸으로 벌떼의 공격을 감당해 내신 조모님의 헌신, 아버지의 눈을 뜨게 하기 위해 자신을 제물로 바치는 심청의 헌신, 이 모두 가슴을 아리게 하는 이야기이기도 하지만 또한 가슴을 훈훈하게도 해 주는 아름다운 대원행의 본보기이다. 우리에게 맑은 소망을 안내하는 스승으로서의 가르침들이다.

예부터 가을은 천고마비의 계절이라 예찬되어 왔다. 이 좋은 가을에 나는 무엇으로 살을 찌울까 빙그레 고민한다. 좀더 마음을 비우고, 순간순간 임하는 어느 곳에든 오롯이 바칠 수 있는 삶을 살아보자고 다시 결심해 본다.

2007년 9월 말일, 가을의 문턱에서

지성이면 감천

그때 여인이 "죄송합니다. 이 자리는 임자가 있습니다."라고 하는 것이었다.
우리 일행은 잠시 의아했다. 그래서 반문했다. "아, 지금 오고 계신 모양이지요?"
그러자 여자 분이 대답했다. "아닙니다. 돌아가신 제 남편의 자리랍니다."

　　시월 중순을 넘어서면서부터 조석으로 기온이 뚝 떨어졌다. 한낮에도 습도가 거의 없는 칼칼한 바람이 제법 쌀쌀하다. 하늘은 더없이 맑다. 따끈한 차 한 잔이 문득 청(請)해지고, 여름날의 늘어진 분주함으로 인해 잠시 소홀했던 사람들도 살갑게 챙겨지며, 막연히 온갖 것들 온갖 사람들이 그리운 때라고들 말한다.

　　가을이다. 가을엔, 고향에 있어도 향수가 느껴지는 계절이라 한다. 나 또한 주변 사람들의 살아가는 이야기들 가운데서 유난히 감동했던 몇 토막의 것들을 다시 떠올리며 가슴에 훈훈한 온기를 지핀다. 참 좋다.

2대 독자인 정 아무개 선생님은 40대 중반의 시골 고등학교 교사이다. 4년 전에 모친께서 72세로 세상을 떠나셨는데 근 30년 동안을 병고로 시달리다가 가셨고 그 30년 중 약 10년 정도는 매우 심하게 앓으셨고, 마지막 1년 동안은 중풍을 얻으셔서 대소변까지 수발을 해 드려야 하는 형편이셨다고 한다.

부부가 다 교사였으므로 출근 후에는 간병인이 어머니를 돌보시고 퇴근한 후에는 정 선생 내외가 밤새 병수발을 하면서 어머니를 위해서는 천하의 모든 약과 모든 방법을 다 써 보았다 한다. 정 선생 부부의 효심에 대하여 말하지 않는 사람이 없을 정도라 하는데 그 어머니가 돌아가시자 정 선생, "내 목숨을 드려서라도 3년 만 더 살아주셨더라면 어머니께 조금이라도 더 효도할 수 있는 기회가 되었을 터인데 너무도 아쉽고 죄송합니다."라고 하시며 눈물을 흘리는 것을 보고 나는 참으로 감동되었다.

장병에 효자 없다 하였거늘 긴긴 병고를 옆에서 지켜보던 사람들은 고인을 위해서도 가시기 잘 했다고들 하는데, 정녕 오랜 세월 가장 마음과 몸이 고단하였을 그 자식은 눈물을 흘리며 어머니의 죽음을 그토록 안타까워하다니 고인이 되신 어머니께서 깊은 감사와 위로와 감동이 되셨을 것 같아 조용히 합장이 올려졌다. 그 눈물, 그 탄식이 간간히 떠오르며 눈시울이 젖는다. 정 선생의 나이 10살 이후부터는 어머니께서 병약한 당신 몸 추스르기에도 힘이 부치셔서 따스한 모정을 받은 기억이 거의 없다 할 정도라 하는데, 하늘이 내려주신 자식 같았다.

고등학교 때의 친구인 영주의 아버지께서는 치매로 약 15여 년 동안 앓다가 지난 2월에 세수 81세로 세상을 떠나셨다. 자녀들이 다 분가를 하여 각자의 살림이 있는지라 아버지와 어머니 두 분이 주로 사셨는데, 짧지 않은 세월 동안 어머니께서의 마음고생과 노고는 이루 말할 수 없으셨다 한다.

치매 환자들이 더러 그러하듯 아버지께서도 곧잘 집을 나가시곤 하셔서 그때마다 아버지를 찾아다니시면서 애 태우신 것만 해도 보통이 아니셨다 한다. 그 남편이 이제 세상을 떠났는데, 모두가 호상이라며 큰 시름 내려놓은 듯했을 텐데 정녕 그토록 심신이 고단하였을 아내는 남편의 죽음을 얼마나 슬퍼하고, 미안해 하고, 아쉬워하였던지 입관할 때에는 기절을 하셔서 링거를 꽂고 침상에 누워 계셨다 한다.

젊어서는 아무리 잉꼬부부로 소문난 두 분이셨지만 오랜 병수발로 지칠 대로 지쳤다고 봐도 될 것인즉, 이제야 긴 고생에서 벗어나 얻은 자유를 맘껏 편안하게 표현하신다 한들 그 누구도 평가하지 못할 마당에, 마지막 가시는 길에 보여준 아내의 애틋한 헌정(獻情)을 받으시고 그 남편께서 얼마나 위로가 되고 힘이 되셨을까 생각하니 감사하여 울컥 울음이 솟구쳤다.

바람도 쏘여 드릴 겸, 재작년 불탄일(佛誕日)에 아버님을 명상의 집에 친구가 모시고 왔다. 친구의 아버님께서는 우리를 친딸처럼 아끼고 보살펴 주셨던 분이시다. 치매 가운데서도 잠깐 동안 나를 알아보시고 출가 이전의 이름을 부르시면서 반기시는 모습을 가족들이 신기해 하며 좋아하셨는데, 내가 이끌고 있는 수련 기간 중인지라 장례식에 참석은 하지 못하고 친구를 통하여 그 애잔한 이야기를 전해듣고는 얼마나 감동하였던지! 떠올릴 때마다 찬미되는 미담이다. 하늘이 점지해 주신 부부인 것 같았다.

지난 10월 3일 영화음악계의 살아 있는 전설이라고 일컫는 엔니오 모리꼬네의 첫 내한 공연이 있었던 서울 올림픽 공원 체조경기장에서의 일이다. 연주회는 시작이 되었는데 우리 일행의 옆자리 하나가 비어 있었고 그 빈 자리 옆에는 40대 초반의 중년 여성분이 자리를 하고 있었다.

1부를 마치고 2부로 들어가기 전의 잠시 쉬는 시간에, 우리의 일행 중 좌석의 가장자리에 있던 한 사람이 가운데 좌석이 비어 있으니 그 자리로 옮기고자 했다. 그때 여인이 "이 자리는 임자가 있습니다."라고 하는 것이 아닌가! 우리 일행은 잠깐 의아했다. 그래서 반문하였다. "오고 계신 모양이지요?", "아닙니다. 제 남편의 자리랍니다."

듣고 보니 여인의 남편은 3년 전에 돌아가셨고, 두 분은 음악을 좋아하여 음악회를 자주 다니셨다 한다. 남편이 가신 후에도 여인은 항상 남편의 티켓을 준비하여 그렇게 함께 음악회엘 다닌다는 것이었다. 적잖이 놀라운 것은 그 좌석은 상당한 가격이 되는 vip 좌석이었던 것이다. 코끝이 찡하며 눈물이 핑 돌았다. 얼른 생각하면 어리석은 집착같이 여겨지기도 하겠지만, 또한 이 여인이 거기 매달려 어두운 삶을 살아서는 안 되겠지만, 18세기 즈음의 여인의 아름다운 부덕(婦德)을 접하는 듯한 감동이 남아 있다.

사람이 꽃보다 아름답다는 대중가요 가사가 있기도 하다. 눈을 뜨고 보면, 하늘이 빚어낸 존재계의 어느 것 하나도 아름답지 아니한 것이 있을 것이며 감동스럽지 않은 것이 있을까마는 그래도 우리를 가장 감동시키는 것은, 아니 우리에게 가장 먼저 감동을 주는 것은 역시 '사람의 고운 모습' 인 것 같다.

위의 세 개의 감동적 일화들이 공통적으로 우리들에게 일깨워 주는 메시지가 있을 듯하다. 물론 사람마다 다른 관점으로 볼 수도 있겠지만 우선 지성을 꼽아 본다. '지성이면 감천' 이라는 말을 새삼 떠올린다. 동서고금을 막론하고 사람의 마음속에서 우러나오는 지극한 정성은 누구라도 감동시키는 것 같다.

내 영혼을 다시 한 번 순화시켜 주면서 옷깃을 여미게 하는 정 선생과 영주 어머니와, 이름도 모르는 그 여인의 사람에 대한 지극한 정성에 존경과 감사의 합장 올리며 진심으로 복을 빌어드리는 마음이다.

2007년 10월을 보내며

시골 장터에서 배우다

이곳 장수는 고지대이다. 장수 읍내가 해발 약 450m 쯤 된다. 공장이나 그 밖의 관광개발 등으로 올 수 있는 자연훼손이 거의 없고, 아직 오염되지 않은 맑은 공기와 자연환경을 보유하고 있다.

장수의 하늘은 사철 동안 내내 눈비 올 때 빼 놓고는 늘 투명하게 푸르다. 또한 그지없이 맑고 낮게 내려와 있다. 마치 하늘 속에서 살고 있는 듯 느끼게 한다. 채전을 갈기 위해 땅을 뒤엎을 때면 건강한 지렁이와 달팽이들을 연신 만날 수 있고, 여름밤이면 반딧불이가 뜰 안 여기저기서 많이도 날아다닌다. 마음을 상쾌하게 하고 살찌게 한다.

나는 장수에서 사는 것이 은근히 자랑스럽다. 오염되지 않고 변화되지 않은 것은 자연뿐만이 아니라 주민들의 인심 또한 그렇다. 장수 주민들의 순박하고 다정한 인심 속에서 근 20년을 산 나는 이곳이 마치 고향 같은 평온함과 친근감을 느낀다. 장터에 가 보면 특히 더 그러하다. 장수의 시골 장날 풍경을 떠올리면 얼굴에 따뜻한 미소가 절로 번진다. 마음 살도 활짝 펴진다.

장수에도 다른 곳과 마찬가지로 5일장이 선다. 닷새 만에 한 번씩 큰 장이 열리면 산골 구석구석의 사람들이 읍내에 나오는 계기가 되

고, 이웃 읍·면에서도 장사하시는 분들과 장보러 오시는 분들이 많아 장터가 붐빈다. 평소 한산하게 텅 빈 장터가 사람들과 사람들의 목소리들, 그리고 사고파는 물건들로 꽉 차면서 붐비는 자체가 마음을 설레게 하고 그득하게 하는 듯, 장날에는 읍내에서 약 3킬로미터 떨어진 우리 동네 선창리 사람들도 읍내 사람들도 공연히 장터를 기웃거린다.

시골에서 자란 나에게 낯설지 않은 풍경으로서 정감이 일고, 가끔은 향수에 젖게 하는 모습들이다. 그래서 나도 장날이면 더러 손님들과 혹은 함께 사는 대중들과 장터엘 나간다. 딱히 물건을 살 일이 있어서가 아니라도, 시골 장터 풍경에서 젖어오는 그 서정이 좋고 노점 상인들과 아기자기한 흥정을 하며 갈아주는 그 정감이 좋아서 덜 필요한 것들도 조금씩 사기도 하는 재미가 있어서이다. 장터 사람들과의 사교는 자신의 마음의 유연성의 변화를 읽어낼 수 있는 중대한 단서가 되기도 한다. 그 또한 늘 즐거운 공부거리이다.

장날 장터에서 만나는 사람들 중 특히 인상에 남는 한 분이 있다. 그분은 읍에서 한참 떨어진 산골에서 농사를 짓는 분으로서 장날에만 내려오셔서 국수 장사를 하는 60대 초반의 아주머니이시다. 시장터 구석에 허름하게 위치하고 있는 이분의 국수 가게에는 대체로 사람들이 거의 가득 차 있다. 거들어 주시는 다른 아주머니가 한 분 내지 어떤 때에는 두 분 정도 계심에도 늘 손발이 바쁘시다.

국수 한 그릇의 값은 2천 원이다. 장날 하루 종일 100그릇 정도를 낸다 하더라도 20만 원이요, 국수와 연료와 반찬 등의 비용과 인건비 및 자릿세를 제하고 나면 과연 얼마나 남을까 하는 생각이 들게 하는 가격이다.

뿐만이 아니다. 국수 한 그릇을 주문하면 반찬도 4~5찬 정도로 푸짐한데다가, 원하는 사람에게는 공기밥 한 그릇과 시래기국 한 대접을 덤으로 주신다. 아직 그것이 전부가 아니다. 다 먹고 나면 믹스 커피를 타다 주신다. 후식인 셈이다.

내가 가면 늘 사이다를 사다가 주신다. 특별대접인 듯하다. 전식(前食)도 있다. 국수 삶는 동안 기다리며 먹으라고 강냉이 튀밥이나 알밤 혹은 잘잘하고 이쁜 고구마 감자 삶은 것 등을 내어 놓으신다. 늘 느끼는 것이지만 2천 원어치 식사치고는 송구스럽도록 풍성하다.

물론 따숩고 융숭함에 못지않게 맛도 그만이다. 국수 양념장이나 나물무침, 그리고 김치 등이 감칠맛 나게 맛있고 구수한 시래기국은 사철 인기가 높다. 지난 여름 어느 장날, 배낭을 메고 등산복 차림을 하고 계시기는 했지만 도시 티가 물씬 배어나오는 한 신사 양반이 시장하셨던지 국수 한 그릇과 시래기국에 밥을 말아 국밥 한 양푼까지 드시고 값을 지불할 때에 2천 원이라는 것을 듣고 얼마나 놀라고 감동하시는지 지금도 그 표정 그 미소가 눈에 선하다.

한 동안 장날 오시는 손님들께는 점심대접으로 장터국수를 맛보여 드리곤 하였다. 어느 때부터인가 국수 먹으러 갈 때면 과일이나 호떡 등을 사서 들고 가곤 해졌다. 풍성한 대접에 대한 감사함의 표현을 미리 준비하는 것이다. 그것을 받으실 때면 또 얼마나 정성스럽고 인정스럽게 고마워하시는지, 참으로 기분 좋게 하며 정들게 하는 교류였다.

그 국수집 아주머니의 따뜻하고 푸짐한 눈길과 손길, 그리고 그 국수집의 훈훈한 풍경을 떠올리면 참으로 좋다. 마치 고향집 잔칫날 같은 분위기이다. 냉정함이나 인색한 마음이 스르르 녹는다. 덩달아 넉넉해지는 듯, 더욱 베풀고 싶게 한다. 단돈 2천 원으로 이렇듯 넘치도록 푸짐한 정감을 먹을 수 있다니, 도대체 수지타산은 있는 것인지 단돈 2천 원을 받고도 이렇게 맘껏 베풀 수 있는 넉넉함은 어디서 나오는 것인지, 새삼 놀랍고 옷깃을 여미며 숙연하다. 사람을 사랑한다는 것, 사람과 함께한다는 것이 이런 것 아니겠나 하고.

동사섭 문화에서 권장하는 5요 덕성(대원, 수심, 화합, 작선, 정체)에 비추어 본다. 이 아주머니는 그날 당신 가게에 오는 모든 분들의 행복을 위하여 온전히 종사하고 있는 듯하다. 오는 사람들을 담뿍 반기는 얼굴, 고향집처럼 느껴지는 따뜻한 대접, 그리고 욕심 없는 듯한 맑은 거래, 부지런하고 알뜰하게 일하는 모습, 거기에 대원(大願), 수심(修心), 화합(和合), 작선(作善)이 다 들어 있다. 확실한 주인의 정체(正體)는 말할 것도 없다.

　　오늘은 장수 장날이다. 대중들과 함께 읍내에 가서 국수 한 그릇
을 먹으며 그 아주머니의 따사한 훈김을 담아와야겠다. 그 아주머니
의 아름다운 보살행의 모습을 닮아갈 것을 다지며 올 겨울이 한결
따스하리라 기대해 본다.

2007년 11월 말일

2부

무엇이 참 행복인가?

인과에 대한 믿음과 두려움은 든든함과 여유로움을 준다. 좋은 과(果)를 원한다면 좋은 인(因) 을 심기만 하면 되며, 그 어떤 과일지라도 반드시 내가 심은 것이기 때문이다.

행복을 일구는 원리

사람은 태어나서 죽을 때까지 무엇인가를 열심히 하다가 간다. 그 모든 노력들의 목적이 곧 보다 나은 행복을 위해서이다. '행복을 마음이 편안한 것, 마음이 기쁜 것' 이라고 정의한다면 마음을 편안하고 기쁘게 하는 것들을 행복의 조건이라 할 수 있다. 우리가 행복해지기 위해서는 행복의 조건들에 대하여 면밀히 연구하고 사색하며, 그것에 공력을 바쳐야 할 것이다.

우리를 행복하게 하는 것들에는 많은 것이 있다. 돈, 명예, 건강, 지식, 학벌, 직업, 사랑, 가족, 자식, 사람과의 인연, 영화나 음악 감상

과 여행 등의 문화생활, 그 밖에 명상 등의 수심이 그러한 것들이다.

행복조건을 윤택하게 하기 위해서 절대적으로 필요한 것은 성실한 노력이다. 일확천금의 횡재를 기대하며 얄은 노력으로 큰 기회를 기웃거리거나, 공연히 하늘을 올려다보며 불만과 투정의 기도를 해서는 안 되리라. 자신이 할 수 있는 최대한의 노력을 아끼지 않아야 하며, 나름의 최선을 다했다고 생각하는데도 소기의 목표가 달성되지 않아서 현실적으로 불편할 때에는 그 상황을 어떻게 수용해야 자신의 마음까지 상하게 되지는 않을지 숙고하여야 한다.

삶의 목적이 행복이고, 스스로 기어이 행복해지고자 하며, 주변도 행복해지도록 하기 위해서는 기필코 그러한 노력을 하여야 한다. 그래서 마음공부[수심]가 필요하다. 오랜 세월 동안 많은 사람들을 만나오면서 수심을 안내하는 상담자 역할을 하고 있지만, 정녕 세상 사람들이 세간적으로도 보다 윤택한 생활을 누릴 수 있도록 기도하는 마음도 간절하다. 자신의 마음을 잘 다스릴 수 있는 사람이 세간적 복락도 괜찮게 누린다면 금상첨화 아니겠는가?

청빈을 가치 있게 여기며 수용할 줄 아는 인격이 되는 것은 훌륭한 일이나, 굳이 청빈을 자초할 것까지는 없다는 생각이다. 전문수행자들의 청빈한 생활은 아름답게 보인다. 아니 전문수행자들의 청빈한 생활은 필수요청이라 하여도 된다. 불필요한 욕심을 자제하고, 필요 이상의 경제활동을 삼가야 하는 것이 수행의 핵심 목표이기 때문이다.

그러나 세간에서 가족공동체를 이루고 있는 입장의 사람이라면 가족 전체의 행복이 필수소임으로 주어지기 때문에 안정된 행복을 위한 안정된 행복의 조건을 소망함은 당연하다. 부당한 선이 아니라면 보다 윤택한 생활을 꿈꾼다 하여도 허물이 아니다. 오히려 건전한 심리이다. 세상 사람들이 건강하고, 경제적으로도 넉넉하고, 크고 작은 소원들도 원만히 이루어져서 따사롭게 행복하기를 빈다.

별로 성실한 노력도 하지 않는 사람이, 마음을 잘 다스릴 의지와 노력까지도 그다지 없는 사람이 복됨을 바란다면 저 하늘이 안타까워하시리라. "내가 너를 사랑하는 고로 네게 복을 좀 내려주고 싶어도 네가 받을 그릇이 못 되니 안타깝구나!"라고.

그 유사한 말씀이 의상 조사의 〈법성게〉에 있다. '우보익생만허공(雨寶益生滿虛空), 중생수기득이익(衆生隨器得利益)'이다. 중생을 이익 되게 하는 보배비가 허공 가득 내리는데, 중생은 그 그릇에 따라 이익을 얻는다는 말씀이다. 성경에도 "너희가 구하기 이전에 다 주었노라."는 말씀이 있다.

모두 참으로 가슴에 와 닿는 가르침이다. 나의 인생에 있어 삶의 지침이 되고 있는 여러 가치관 중의 하나이다. 어떻게 하면 우리의 복의 그릇을 크게 키울 수 있을 것인가? 어떻게 하면 하늘마음에 코드를 맞출 수 있을 것인가? 행복을 위하여, 행복의 조건을 닦기 위하여 깊게 생각해 보지 않을 수 없는 과제이다.

또한 우리는 가끔씩 본다. 우리 주변인들 가운데 선량하기도 하고 성실하며, 부당한 욕심을 내는 것 같지도 않은 사람이 왠지 형편이 잘 풀리지 않고 가정에 우환이 따르는 것을. 참으로 안타깝고 마음이 아프다. 이러한 상황을 어떻게 수용하는 것이 제대로인지, 나아가서 형편이 좋아지게 하는 방법은 무엇인지 진정으로 간구하게 된다.

그 어떠한 상황에서라도 우리를 행복하게 하고, 우리를 존귀하게 하는 몇 가지의 좋은 생각 체계를 정리해 둔다. 평소에 스스로 늘 묻고 대답하는 몇 개의 개념들이 있어 나를 지켜주는 수호천사 역할을 한다.

1. 최선을 다 했는가를 묻는다.

삶의 모든 순간에 성실하였는가?

삶의 모든 순간에 정성스러웠는가?

성실과 정성을 다하되 지혜로워야 하리. 지혜로운 노력을 해 왔는가?

2. 세상을 위해 나는 무엇을 베풀었는가 묻고 살핀다. 사랑과 물질과 봉사와 기도 등등, 내가 세상을 위해 바친 정도만큼 세상이 나에게 화답을 할 것이라는 철리를 믿는 까닭에서이다.

3. 참회한다. 모든 것은 인과이려니, 그 어떤 결과라도 자신이 지은 것의 결과라 굳게 믿고 자신의 업장을 참회해야 한다는 생각에서이다. 금생은 물론, 전생까지 거슬러 올라가서 되짚어본다면 자신이

지은 업을 알 수 없는 연고로 두렵고 부끄러운 마음으로 참회하고자 한다. 기독교의 가르침에 왜 그토록 회개하여야 함을 강조하는지 이제야 아주 조금 알 것 같다.

4. 감사한다. 이미 주어진 것에 감사한다. 내가 지은 것에 비하여 늘 넘치게 받고 있다고 생각하는 신념이 있다. 자신의 복의 그릇이 어느 정도인지 알 수 없기에, 자신이 지은 복덕이 얼마나 되는지 알 수 없기에 그저 겸손한 마음으로 주어지는 모든 것에 지극히 감사하여야 한다는 생각이다. 자칫 불만하여 복의 그릇이 작아질까 삼가는 마음으로, 오롯이 감사할 것을 다지고 또 다진다.

5. 때[時]를 생각한다. 모든 것은 때가 있는 법, 때가 이르면 이루어질 것이라 여기며 더욱 성실히 정성을 다하며 때를 기다린다. 진인사대천명(盡人事待天命), 이 또한 하나의 좋은 촌철 말씀이다.

6. 인연소치(因緣所致)로 여긴다. 끝내 오지 않는다면 그것은 내 몫이 아니라고 미리 정해둔다. 내 복이 아니라고 여기는, 겸손하고 허심한 생각을 준비한다.

7. 영혼의 고귀함을 놓치지는 않는다. 우리가 부족함이 많아서 그 어떤 불편을 겪더라도, 우리의 성취가 우리를 넘치게 기쁘게 하더라도, 그 부족함과 그 성취가 우리 영혼 자체의 고귀함을 넘지는 못한다는 가치관에서이다. 가진 것이 덜하여 불편한 삶이라도, 가진 것이 많아서 풍족한 삶이라도, 우리 영혼의 가치는 동등하다는 고고한 자존심을 갖는다.

8. 최상의 가치를 간과하지 않는다. 이 세상에서 가장 가치 있는 일이자 지고한 행복은 역시 마음에 일체 번뇌가 사라지는 것, 마음이 허공으로 크게 비는 것이라 여긴다. 마음에 한 줄의 한계도 짓지 아니하고, 마음속에 한 톨의 번뇌도 허용하지 아니하고, 무한한 허심(虛心)으로 있는 일이다. 그 자체로 지극한 편안함, 지고한 기쁨이다. 니르바나 즉, 법열(法悅)이라 한다. 법열을 향하는 삶, 그것이야말로 지존의 가치로 여기는 가치관이 있다. 그 맛을 일미(一味)라도 맛본다면 누구든 기꺼이 고개를 끄덕이리라.

9. 플러스 알파($+\alpha$)다.

위의 것들은 나의 행복을 관리해 주는 몇 개의 가치관들이다. 그것들이 일련의 원리를 담고 있으면서 나를 지켜준다. 각자 나름의 원칙들로서 각인의 행복을 일구어 가리라 믿는다. 세상이 보다 행복해지시길 비는 마음이 호들갑스럽지 않게 늘 있음을 본다. 이 조용한 기도가 나에게 은은한 기쁨을 준다.

여름의 막바지이다. 아직 햇살이 따갑고 매미 소리 요란하여도 바람 끝에는 이미 서늘함이 묻어 있다. 우리의 고통이 아무리 짙고 소란하여도, 이미 성성한 해탈의 바람이 그 안에 있음을 본다.

2005년 8월의 마지막 날에

두 개의 횃불

자신이 이루고자 하는 삶의 목표를 분명히 하고 그 목표에 대한 사무치는
그리움을 가질 것, 결과란 오직 심은 대로 거둘 뿐이라는 우주섭리를 분명히 깨닫고
그 섭리에 대해 경건한 두려움을 가질 것, 이는 나를 지켜주는 수호천사이다.

나는 매일 정규적인 수행을 한다. 그리고 수시로 비정규적인 수행을 일삼는다. 수행의 목표는 지고한 인격이 되어 보고자 하는 것이다. 그것이 나를 가장 행복하게 할 것이요, 또한 세상의 행복을 가장 적극적으로 지원하는 모습일 것이라는 믿음에서이다.

나는 어린 시절 어느 때부터인가 지고한 인격을 이루고자 하는 꿈을 갖게 되었다. 사람으로 태어나서 참으로 아름답게 가꾸어진 모습을 그려보며, 사람으로서 이를 수 있는 지극한 경지의 사람을 그려보며, 아련한 그리움으로 가슴이 메고 동시에 입가에 미소가 지어졌다.

그때는 물론 그 이상적 인격의 모습이 상당히 추상적으로 있었다. 교회도 기웃거려 보고, 노자·장자에 대한 서적도 들추어 보고, 절간에도 얼쩡거리다가 불교의 승려가 되었다. 불교적 방법으로 이상적 인간상에 접근해 가 보자며 방편여행의 닻을 내린 것이다. 지금은 이상적인 인간상의 모습이 나름대로 구도가 잡혀 있으며, 상당히 구체적이고 객관적으로도 설득력이 있게 보인다.

참으로 아름다운 사람이 되어 보겠다는 이상을 갖는 것만으로도 이미 충분한 행복감을 느낀다. 그리고 그 과정의 어느 순간들은 각고의 노력도 아끼지 않았지만, 많은 세월들을 스스로 만족할 만큼의 정진을 한 것 같지 않게 보내 버린 듯한 양심적 반성을 하며 새로이 마음고삐를 다잡는다.

인생이란 무엇인가를 단호히 결심하고, 나름대로 노력해 보다가, 성에 차지 않아서 반성하고, 또 다시 결심해가고, 또 반성하곤 하며 엮어 가는 듯하다. 이 또한 갸륵하고 애틋하다. 한 행복이다.

이렇듯 시행착오의 미완성적 인생행로에서도 끝내 자신을 낭떠러지로 미끄러지지 않게 하는 두 개의 횃불이 나에게 있다. 이는 내 생명을 지탱시키는 명줄이다. 이 횃불이 시들지 않도록, 이 횃불이 꺼지지 않도록, 나는 목숨을 다하여 지키고자 한다. 그럴 만큼 두 개의 가치관은 뚜렷하고, 정서 또한 선명하다. 나는 그 두 개의 주제를 보다 명확하게 하고자 한다.

그 하나는 지고한 인격이 되어 봄직하다는 고결한 가치관과 진정 그렇게 되고자 하는 간절한 소망이다. 다른 하나는 심은 대로 거두리라는 인과율(因果律)에 대한 확실한 깨달음 혹은 믿음과, 그 원칙에 대해 겸손히 무릎 꿇는 마음이다. 자신이 이루고자 하는 삶의 목표를 분명히 하고 그 목표에 대한 사무치는 그리움을 가질 것, 결과란 오직 심은 대로 거둘 뿐이라는 우주섭리를 분명히 깨닫고 그 섭리에 대해 경건한 두려움을 가질 것, 이는 나를 지켜주는 수호천사이다.

자신의 삶의 목표에 대한 확신과 소망은 나의 마음을 참 평온하고 떳떳하게 한다. 왜냐하면 그것은 누가 보아도 아름다울 것이고 누구에게든 유익할 것이기 때문이다. 인과에 대한 믿음과 두려움은 내 마음에 늘 든든함과 여유로움을 준다. 왜냐하면 인과의 세상이므로 좋은 과(果)를 원한다면 좋은 인(因)을 심기만 하면 되며, 그 어떤 과일지라도 반드시 내가 심어 맺은 것이기 때문이다.

그런데 요즈음 내 심기가 덜 떳떳하고 덜 여유롭다. 누군가에 대한, 무엇인가에 대한, 서운함·안타까움·미움 등이 흐르고 있음을 본다. 마음이 다소 느슨해져 있고 게을러져 있다는 것을 의미한다. 지고한 인격에 대한 사무치는 그리움이 약해져 있다는 증거이다. 인과율에 대한 두려움이 희미해졌다는 증거이다. 수행자로서 참으로 부끄럽고 무서운 일이다. 단 한번의 기회인 찰나 인생에 참으로 아깝고 안타까운 일이 아닐 수 없다. 차담(茶啖) 자리에서나 법석(法席)에서, 이렇게 글로서 자신을 고발해 버림으로써 나는 아주 잠깐씩의 면죄를 얻는 기분이다.

세수 오십에 이른 자가, 수행생활 4반세기를 보낸 자가, 남은 세월을 느긋하게 여길 것이랴! 벌써 해가 중천을 지난 지가 오래고 서녘을 향해 뉘엿뉘엿 그림자가 길어지고 있는데, 사래 긴 밭을 언제 다 갈아 마치랴!

쟁기질 서두르는 농부의 손아귀에 진땀이 흐르듯, 마음고삐를 다그쳐잡는 내 마음에 마른 땀이 고인다. 내 인생의 목표야 바뀔 리 만무하지만, 다시 생생한 그리움을 자아내는 일이 한 과제이다. 인과의 섭리를 거역할 리 만무하지만, 다시 생생한 두려움을 키워내는 일이 한 과제이다. 한 평생, 아니 세세생생 나를 평온히 살게 할 길이니 마다할 이유가 없지 않은가! 동사섭 문화에서 가치관 정립과 정서에 깨어 있을 필요성을 강조하는 이유를 더욱 알겠다.

법계에 악파장을 퍼뜨린 한 죄인이, 다시 지고한 인격 완성에 나의 모든 생을 바치리라 거듭 서원하며 이만큼의 안심을 얻는다. 입춘의 절기를 지난 날씨답게 바람이 훈훈하다. 참 좋다.

2005년 2월 15일

당신의 꿈은 무엇입니까?

꿈(Dream)이란 무엇인가를 이루고자 하는 의지를 갖는 것이요, 무엇인가에 대한 희망이다. 불확실한 미래에 대한 나름의 계획이요, 그 실현 가능성에 대한 설레는 믿음이다. 꿈은 삶에 의욕과 기쁨을 안겨 준다. 그 자체로 행복의 중대한 요인이 된다.

선명한 꿈이 있는 사람은 보다 적극적으로 살아간다. 생기와 활기가 있기 때문이다. 간절한 꿈이 있는 사람은 쉽게 좌절하지 않는다. 미래에 대한 희망과 믿음이 있기 때문이다. 탄탄한 꿈이 있는 사람은 강하다. 그 자체로 생명력이기 때문이다.

꿈이 애매하고 막연한 사람은 애매하고 막연한 삶을 살아갈 수밖에 없다. 우리의 삶은 우리의 마음속에 그려진 그림대로 향하게 마련이요, 우리 마음속에 그려진 그림의 선명도에 따라 노력이 비례하게 되고, 정직한 노력에 비례하여 현실화되기 때문이다.

꿈이란 다만 그려보는 데서 그치고 말지라도 우리에게 그만큼의 기쁨과 설렘을 주는 것은 틀림이 없다. "당신의 꿈은 무엇입니까?"라는 질문을 받았을 때 거침없이 대답할 수 있고, 즐겁고 희망차게 대답할 수 있고, 그리고 다른 사람까지도 기쁘게 할 수 있는 꿈이 있다는 것은 행운이다. 그 꿈의 내용이 무엇이 되든 간에, 그 사람을 기쁘게 하는 꿈이라면 존중하며 귀하게 여긴다. 그 사람을 살아가게 하는 원동력이 되어줄 것이기 때문이다. '나는 어떤 꿈을 가지고 있나, 나의 꿈은 나에게 어떤 의미를 갖는가, 나는 내 꿈을 실현하기 위해 어느 만큼의 노력을 하고 있는가? 를 다시 점검해 본다.

어린 시절의 나의 꿈은 선생님, 의사, 법관 중의 한 사람이 되는 것이었다. 학교 선생님이 되어서 어느 벽촌에 부임되어, 하늘마음을 닮은 산골 아이들과 꿈과 낭만과 사랑을 노래하며 소박하게 살고 싶었던 시절이 있었다. 아니면 무의촌에 작은 병원을 하나 내어서, 문화혜택이 잘 닿지 못한 산골의 사람들과 가족처럼 지내며 말벗이 되어 주는 착한 의사선생님으로 한 생을 살고 싶었다. 또는 변호사나 판사가 되어 법리에 앎이 부족한 사람들의 입이 되어 드리며 정의사회 구현에 기여하는 삶을 살리라 꿈꾸었다.

내 속에 그려지는 선생님, 의사, 법조계의 업무자 등은 명예직으로서가 아니라 아름다운 인격으로서의 가치였다. 조촐하고 착하며 바른 사람의 향기였다. 지금도 떠올려 보면 빙그레 미소가 지어지는 참으로 곱고 기특한 꿈들이다. 어린 시절의 자신에 대한 자존감을 높여 주는 작은 재산이 되기도 한다.

지금 누군가 나에게, "당신의 꿈은 무엇입니까?"라고 질문해 온다면 나는 눈을 지그시 감고 먼저 참회의 눈물을 흘릴 것 같다. 나의 꿈이 너무도 커서, 나의 꿈이 너무도 높아서, 내가 감히 그러한 꿈을 가져도 되는지 조심되는 마음으로이다. 탐진치 번뇌가 온전히 사라진 지극히 고요한 마음, 어느 누구 어느 무엇에 대하여서도 내 몸과 같이 내 살점과도 같이 여겨지는 커다란 자비심, 나의 말과 행동은 허공과 같아서 그림자조차 찾을 길 없는 무소주(無所住)의 자취, 그냥 묵묵히 존재하고 있어도 이 세상에 맑고 밝은 기운을 내보내는 방향제이고 싶은 것이 나의 꿈이다.

턱없이 높고 푸른 꿈이겠지만, 그래도 그러한 꿈[理想]을 가지고 있기에 이만큼의 맑은 마음과, 이만큼의 자비심과, 이만큼의 자재로움을 얻고 있는 것이 아니겠는가? 그러한 꿈을 가지고 있기에 방황됨 없이 자신의 삶을 이끌어 가고, 면밀히 점검하며 부끄러움과 희망을 동시에 챙기고, 이만큼의 여유 있는 행복을 일구고 있지 않겠는가?

동사섭 문화에서 제시하는 하나의 꿈은, 아니 모든 꿈의 기초꿈으로 대원의 인격이 되어 보자는 것이다. 이 세상 모두의 행복을 지향해 가는 사랑의 사도가 되어 보자는 것이다. 지인이 되어 보자는 것이다. 사람으로 태어나서 가장 이상적인 인격, 지고한 인격이 되어 보자는 것이다.

그러기 위해 자신을 바로 알고[正體], 마음을 갈고 닦으며[修心], 주변의 함께하는 사람들과 사이좋게 잘 지내며[和合], 자신의 소임을 책임감 있게 잘 이수해 내자[作善]고 한다. 대원, 정체, 수심, 화합, 작선의 대가가 되어 보자고 권장한다. 그러한 인격 지향을 시민운동으로 해 가자고 조용히 외친다.

나는 오늘도 내 꿈을 실현시키기 위해 나름대로의 노력을 해 간다. 내 꿈의 실현도가 부진하다면 나의 게으름을 돌아볼 일이다. 내가 게으르고 있다면 그것은 내 꿈에 대한 선명도와 간절도가 낮은 데서 오는 것일 터! 진정 나는 무엇을 꿈꾸고 있는가, 얼마나 간절하게 구하고 있는가, 명을 다하여 구하고 있는가 물어볼 일이다.

당신의 꿈은 무엇입니까?

2005년 4월 4일

내가 살고 싶은 삶

불교인들의 의식 세계 속에는 사람으로 태어난 것을 큰 행운으로 여기며, 사람으로 태어났을 때 더욱 정진하여 복덕이 쌓여 가고 끝내는 모든 업이 소멸되어 갈 것을 기원하고 노력하는 의식 풍토가 있다. 윤회사상을 전제한 하나의 가치관인 셈이다. 보다 바람직한 삶의 의지를 부추기는 좋은 흐름이기도 하다. 사람으로 한 생 태어난 김에, 이 한 생이 보다 복되길 바라고 보다 아름다운 모습이기를 소망함에는 모두가 공통적인 바람일 것이다.

갑신년 새해를 맞이하면서 나는 또 지나온 어느 해 때와 마찬가지로 해마다 세말(歲末)에 이르러서는 연초에 결심 결의했던 대로 다 지켜 내지는 못한 정산을 하곤 하지만, 다시 다부진 결의를 하며 '내가 살아 보고 싶은 삶' 을 거듭 명상하여 정리하며 엄격하고 엄숙한 서원을 했다. 계획했던 만큼의 양은 이수해 내지 못하더라도, 계획했던 내용의 질에 있어서는 해마다 더 밀도가 높아져 감에서 연륜을 느끼며 다소의 위로를 삼곤 한다. 조용히 자숙하며 결의를 다지는 마음으로 나누어 볼까 한다.

― 내가 살고 싶은 삶 ―

1. 삶의 목적을 명확하게 하고, 그것을 잊지 않기를 바란다.

내 삶의 목적은 무엇인가? 행복이다. 진정 흔들리지 않는 행복이다. 내가 바라는 이 행복은, 이 세상 모두의 소망일 것임이 틀림없다. 내가 이러하듯, 이 세상 모두의 행복도 빈다. 진정 이 세상 모두가 행복해지길 간절히 빈다. 고로 나의 삶의 목적은, '나와 이 세상 모두의 행복' 이다. 이 세상 모두의 마음이 기쁘고 평온하며 화평하기를 빌며, 그것이 나의 삶의 목적임을 잊지 말자.

삶의 목적을 분명히 함이 왜 그토록 중요한가? 삶의 목적이 분명하게 되면, 목적과 수단[방법, 조건]을 혼동하지 않을 것이기 때문이다. 또한 '순간순간 목적에 부합한 삶을 살고 있는가.' 점검이 될 것이고, 목적에 위배되는 삶을 살고 있을 시에는 재빨리 목적에 맞게 살려는 전환을 민첩하게 해 갈 것이다.

2. 기도의 인격화, 생활화를 꾀해 간다.

이 세상 모두의 행복을 위하여 꾸준히 기도한다. 이 세상 모두의 건강을 기원하며, 각인의 원들이 성취되기를 기도하며, 각자 영성적 계발을 통하여 마음의 번뇌들이 소진되고 넓고 깊은 평온함을 확보해 가시길 빌며, 서로서로 화평 화락한 기운이 오가며 잘 어우러지는 세상을 그리며 지극한 마음으로 기도할 것을 서원한다.

매일 시간을 정해 놓고 하기도 하고, 틈틈이 하기도 하고, 길을 가거나 신호대 앞에서 신호등 바뀌기를 기다리는 건널목을 지나는 행인을 위하여 하기도 하며, 할 수만 있다면, 만나는 모든 사람들을 위하여 늘 절로 기도가 되는 그러한 삶을 살고 싶다.

기도의 생활화가 왜 그토록 중요한가?

기도의 내용이 우리네 삶의 목적이 아닌가! 그 목적을 잊지 않고 지속적으로 심화해 가자면 반복적인 발원이 요해지는데, 기도의 실천으로서 삶의 목적이 의식 속에 보다 깊게 뿌리내려져 갈 것이기 때문이다.

또한 기도를 인격화해 가다 보면, 스스로 마음이 훈훈해지고 넓어지며 세상에 대한 자비로움이 커져 가는 것 같다. 그리고 그 따뜻하고 밝은 기운이 이 세상의 물리적 공간 에너지를 밝게 할 것이 틀림없다.

3. 마음밭을 갈고 닦아 가기를 쉬임 없이 해 간다. 하염없이 해 간다. 엄격하게 해 간다.

이 세상 모두의 행복을 위한 조건으로 건강과 돈과 명예와 일과 사랑과 결혼과 자손 등을 들 수가 있다. 그러한 것들이 적당히 충족될 때 우리의 마음은 행복하다. 나의 경우에는 어떠한가? 최소한의 의식주 생활만 해결된다면 일체 욕심을 내려놓고, 마음밭을 갈고 닦아 이 세상에 맑고 밝은 기운을 보내 드리는 삶을 살고 싶다. 숙세의 묵은 번뇌를 다 녹이고, 탐진치의 사슬을 다 끊고, 오직 자유한 마음으로 이 세상에 유익한 존재로 있고 싶다.

마음밭을 가꾸는 일이 왜 그토록 중요한가?

마음이란 것의 속성 가운데 하나가 습관대로 흘러가는 것이어서, 면밀히 살피며 다잡지 않으면 살아 왔던 습관으로 살고 있게 마련이다. 우리의 욕구대와 정서대와 사고대의 구조를 잘 살펴보면, 태어나서 지금까지, 혹은 전생에서부터 살아온 각자의 탐진치의 얼개가 차곡차곡 나름의 두께를 형성하고 있고 그것은 어떤 경향성을 지니며 움직이고 있다는 것을 발견하게 된다. 불교에서는, 전자를 업장이라 하고 후자를 업력이라 칭한다. 납득이 되고 재미 있는 묘사이다.

그 무엇보다, 내가 기뻐야 세상을 기쁘게 할 수 있다. 내가 평온해야 세상을 평온하게 한다. 또한 내가 자유로워야 세상을 자유케 하리라.

4. 사랑의 사도가 되리라.

더불어 사는 사람들과의 화평의 중요성을 깨닫고, 내가 임하는 곳에서 나로 인한 불화는 일지 않도록 늘 깨어 있는다. 더러 실족을 하여 평화로움을 깨는 역할이 되더라도, 즉각 반성하고 사과하며 수심하여 함께하는 사람들과의 좋은 관계가 되도록 끊임없이 노력하리라. 평온하고 따사로운 마음의 기운을 이 세상에 보내 드리며 이 세상의 행복에 기여하리라.

화평의 덕성을 갖는 것이 왜 그토록 중요한가?

사람은 더불어 살아가는 사회적 존재이다. 어떤 의미에 있어 인생은, '사람과 부대끼다가 가는 여정이다.' 라고 해도 과언이 아니다. 사람과의 관계를 어떻게 하는가가 인격의 중대한 척도가 되기도 한다. 관계에 문제를 일으키는 주된 요인은 이기심과 아집이기 때문이다.

사람과의 관계가 좋지 않을 때에는 일의 능률도 떨어지고, 그곳의 물리적 공간까지도 싫어지고, 나아가서는 살아 있기마저 싫은 마음까지 되기도 하는 것이 인간이다. 화평한 덕성은 사람의 마음을 평화롭게 하고, 사람의 능력을 증대시켜 갈 수 있게 하고, 우리가 사는 공간의 물리적 에너지까지 푸근하게 하리라 봐진다.

5. 선한 일을 일삼아 한다.

베풀기를 기꺼이 하고[보시], 범사에 감사하며[감사], 남에게 해를 끼치지 않기를 노력하되 어겼을 시에는 반성하며 사과하고[사과],

너그러운 마음을 익혀 자신에게는 엄격하되 타인에게는 관대하며 [관용], 일체의 사언행(思言行)이 이 세상에 양장력을 만들어 가도록 깨어 있는다.

그 모습은 보기에도 좋고 자신과 세상에 유익하기 때문이다.

6. 이 모든 행위의 주체가 되는 자기 자신에 대해 바로 알고, 지고한 인격 완성 구현에 전념한다.

상기한 바와 같이 '내가 살고 싶은 삶'은,

1. 나와 이 세상 모두의 행복을 위하여,

2. 항상 기도하며,

3. 수심하고,

4. 화합하고,

5. 작선하며,

6. 자신이 무엇인지 깨어 있으며,

그렇게 한 생 살아가는 것이다.

그러한 인격 향기를 이 세상에 보내는 것이다.

이는 동사섭 수련 학습 주제이기도 하며, 내 삶의 과제이기도 하고, 이 세상 모든 사람들이 살아 봄직한 좋은 모형의 삶이기도 하다.

　이 해에는 더욱더 정진해 보리라 마음 먹으며, 연말정산에 자기 만족도가 한결 높아져 있도록 해 보리라 서원한다.

　이 세상 모두의 행복을 기원하며…….

2004년 2월 1일

돈과 일과 인생

돈과 일은 우리 인생의 충분 요소다.
돈과 일은 우리 인생을 윤택하게 만들어 주기 때문이다. 한 푼의 돈이라도 귀하게 여기고,
기꺼이 벌며, 작은 일을 통해서라도 세상에 유익함을 더해 주는 덕성을 닦아 가야 한다.

사람이 한 평생 살아감에 있어 필요한 많은 것들이 있다. 돈, 지식, 일, 사랑, 취미활동, 구현목표, 종교 등등. 이러한 것들을 하나하나 새롭게, 처음인 듯 깊게 명상하여 우리 인생 노정 위에서의 그것들의 위상을 정리해 보고 싶다. 먼저 그 가운데 가장 우리와 밀접한 관계에 있을 수도 있는 돈과 일에 대하여 고찰해 볼까 한다.

사람은 몸과 마음으로 되어 있다. 인생은 몸과 마음을 편안하고 기쁘게 하는 것을 목적으로 한다. 몸과 마음을 편안하게 하는 최우선적인 조건은 기초생활의 안정일 것이다. 기초생활이 위협을 당하

고 있다면 즉, 기초 의식주 생활이 안정되어 있지 않다면 우리의 몸도 마음도 편안하기 어려울 수 있다. 기초 의식주 생활의 안정이 있는 다음에 모든 것이 존재한다고 보아도 과언이 아니다. 일반적으로 취미활동, 사랑, 지적 혹은 종교적 구현 등등도 굶주림과 추위와 끝없는 방랑의 길에서는 차선일 것이다. 기초생활의 안정만으로도 사실 횡재한 인생이다.

의식주를 해결해 가는 도구는 돈이다. 우리가 필요로 하는 의식주 꺼리들을 돈으로 구한다. 돈이란 인생에 있어 하나의 필요 요소이다.

물론 춥고 굶주리며 길에서 죽어가는 한이 있더라도 자신이 의식주보다 더 소중하게 여기는 것을 위해 구차하게 돈을 좇진 않겠다는 소신을 가진 사람도 있을 수 있다. 그리고 산 속에서 풀만 먹고 천지를 집으로 삼으며 자연인으로 살아가는 사람도 있을 수 있다. 그런 사람은 돈에 대한 가치를 다르게 가질 수도 있다.

그러나 일반적으로 돈이란 사람을 살아가게 하는 기초 요소라고 보면 될 것이다. 그런 의미에 있어서 우리에게 어릴 때부터 돈에 대한 바른 이해와, 성실히 돈을 벌어야 함의 필요성과, 돈의 사용에 대한 건전한 방법 등의 교육은 매우 필요하다고 본다. 그리고 때가 되어 성실히 돈을 버는 일에 종사해야 함은 말할 것도 없다.

그런데 대체로 우리에게는 돈에 대한 바른 교육을 받을 기회가 드물다. 부모들의 인생사에 걸쳐 있는 돈에 대한 인식과 욕구와 정서를 고스란히 답습하거나, 사회적 통념 내지는 시대 상황에 따라 젖어 가거나, 또는 개인적인 욕구체계를 습관적으로 따르거나 하는 정도이다. 그런 가운데 돈에 대해 습관적인 노예가 되어 가거나, 돈을 무조건적으로 터부시하거나, 돈에 대한 무감각증 등의 심리들을 지어 가기 일쑤이다. 돈에 대한 건강한 가치 정립이 요해진다.

일도 마찬가지이다. 사람이 살아 있고, 병들지 않고, 아직 움직일 수 있다면, 무엇인가에 종사하고 싶은 원초적 소망을 갖게 마련이다. 살아 있는 생명은 움직이고자 한다. 살아 있는 생명을 움직이지 못하게 한다면 그것은 죽음과 같다.

그러나 살아 있기는 하되, 몸을 움직이고 싶기도 하되, 몸을 스스로 움직일 수 없는 수도 있다. 병이 들거나 늙거나 하여 더 이상 창조적인 움직임을 할 수 없을 때이다. 아찔한 일이다. 우리가 몸을 움직일 수 있을 때 가능하면 최대한 열심히 움직이며 살아가는 것이 좋다. 그래서 우리에겐 일이 필요하다.

그 움직임이 보다 건전한 방향이면 좋을 것이다. 즉, 그 움직임이 유익하고 즐거움을 주는 것이면 좋을 것이다. 그 움직임이 돈이 되고, 몸이 건강해지고, 스스로 마음의 기쁨을 얻고, 다른 사람을 기쁘게도 하는 일이면 좋지 않겠는가. 직업에 귀천이 없다고 하지만, 좋은 직업을 가질 필요가 있는 이유이다.

우리가 아직 몸을 움직일 수 있을 때 최선을 다하여 일을 한다는 것은 큰 축복이다. 그 일이 보람 있는 일이면 더욱 감사할 일이다. 인생에 있어서 일 또한 매우 중요한 주제이므로 우리가 보다 어린 나이 때부터 일에 대한 바른 생각과, 일에 대한 적극적인 열정과, 자신이 행할 수 있는 일의 내용에 대한 선별의 안목을 배울 수 있다면 좋으리라.

이렇듯 돈과 일은 우리 인생에 있어서 필수 요소는 못 되더라도 충분 요소는 된다. 돈과 일은 우리 인생을 안정되게, 그리고 여유롭고 윤택하게 만들어 주기 때문이다. 한 푼의 돈이라도 귀하게 여기며, 한 푼의 돈이라도 기꺼이 벌며, 한 푼의 돈이라도 최선을 다하여 잘 관리하는 덕성을 길러 갈 필요가 있다. 한 발 움직임의 일이라도 아직 일할 수 있음에 감사하며, 모든 일에 열성과 신중을 다하고, 작은 일을 통하여서라도 세상에 유익함을 더해 주는 덕성을 닦아 갈 필요가 있다.

동사섭 문화에서는 '돈과 일'에 대한 과제를 적극적으로 수련하지는 않지만, 삶의 5대 원리 가운데 작선의 범주에 들어 있는 소임에서 그 중요성을 강조한다. 소속 공동체의 행복을 위하여 각자 맡은 바 소임을 잘 이수할 때, 그 공동체가 건강한 모습을 유지한다는 원

리이다. 이때 소임의 내용은 주로 '일' 과 '돈' 을 책임지는 일일 것
이다.

　이 세상 모든 사람들의 보다 안정된 경제생활과, 각자 보다 적극
적으로 자신의 일에 종사할 것을 진심으로 기원한다.

2005년 6월 1일

나의 속살림

우리는 지금 현재만큼의 부자이다. 그 재산은 각자 나름대로 노력해서
얻은 것인 만큼 자신에겐 모두 소중한 살림이다.

우리는 지금 현재만큼의 부자이다. 그 재산은 각자 나름대로 노력해서 얻은 것인 만큼 자신에겐 모두 소중한 살림이다.

사람마다 이 세상에 맨손으로 나서 한 평생 살아가노라면 이런저런 살림이 늘어나게 마련이다. 겨우 한 움큼의 손아귀에 쥐어질 정도의 체구가 어느덧 지금만큼의 덩치로 불어난 것도 한 살림이려니와, 가지고 있는 옷가지들이며 주거 설비들이며, 크고 작은 생활용품들이며, 정신세계 속에 쌓여 가는 지식과 지혜들이며, 다양한 재주와 기술들이며, 나아가 각자 살아온 연륜 등이다.

위의 어느 것이 되었든 공무(空無) 상태에서 플러스(+)되어 온 것들이다. 우리는 현재만큼의 부자인 것이다. 물론 각자 나름의 노력으로 얻은 것들로서 각인의 소중한 재산(살림)이 되어 있다. 이 세상 모든 사람들의 살림들이, 그들을 기쁘게 하는 재산들이, 복되게 늘어나기를 진심으로 기원한다.

한편, 마음 공부인의 한 사람인 나의 살림들에는 무엇 무엇이 있나? 나의 살림 1호, 2호, 3호 등은 무엇인가 하고 자문해 본다. 마음 공부 전문인으로서 살림을 논할 때는 단연 내적인 것들이 우선적으로 들려질 것인즉 이름을 '속살림' 이라 칭해 본다.

세납으로 거의 반세기의 나이에 임박하고, 승납으로 어언 4반세기를 마음 공부에 몸담아 온 사람의 속살림을 한번 겸손하게 점검해 보자. 지나 온 세월의 내 나름의 치열한 정진, 그 과정의 이런저런 시행착오와 실험 실습, 좌절과 자책의 아픔들이 지금 나이쯤에는 모두 소중한 경험들로 영접되어 온다. 나이 공덕의 하나이다.

나의 속살림!

1. 무심(無心)으로 인한 평화로움.

　오랜 세월 암암리에 면면히 이어 온 관행 덕분에 하시라도 귀의되는, 안주되는 심처가 있다. 곧　허공심이다. 그 결과로 얻은 걸림 없는 평화로움이 나의 속살림 1호이다. 세상 어느 것과도 겨룰 수 없는, 세상 무엇과도 바꿀 수 없는, 세상 모든 가치들을 합한 것보다 더 크고 깊게, 그리고 귀하게 여겨지는 든든한 체험이다. 여기서 관행이란, 공(空) 도리를 해오한 바탕 위에 '아미타불' 을 송하면서 공성상일여 (空性相 一如)의 법계를 관하는 것을 말한다. 참고로 나는 염불선을 주(主) 바라밀로 공부하는 사람이다.

　2. 집제(集諦)와 도제(道諦)의 명확한 이론체계.

　무심에서 나와 유심으로 있을 때, 미성숙의 정도가 여지없이 점검되는 곳은 경계이다. 대인(對人), 대물(對物), 대사(對事)에 걸려 넘어쓰러지는 정도만큼 평정을 잃게 되고 평정을 잃은 정도만큼 고(苦)이다. 이때 고의 원인[集諦]과 고로부터 해탈하는 길[道諦]에 대한 정견, 정사유[정돈된 바라밀] 체계가 명확하여 마음을 다스러 감에 조금의 방황도 없다. 다소의 게으름은 있지만……

　3. 벡터(vector)가 밖으로 향해 있지 않음에서 오는 편안함.

무엇인가 이루고 싶은 욕심 에너지가 거의 없다. 해야 될 일을 역량껏 해 가고 있을 뿐이다. 평소 관심 에너지가 밖으로 향해 있지 않고 안으로 회귀되는 데서 오는 편안함이다. 해야 할 일이 있을 때에 그것을 위한 선택적인 사고 활동을 할 뿐, 습관적으로 벡터가 밖으로 향해 가지는 않을 만큼 담백한 의식이 얼마나 편안함을 주는지 모른다.

무엇인가 먹고 싶음 : 식욕,

어디엔가 가고 싶음 : 여행욕,

무엇을 이루고 싶음 : 성취욕,

정보나 지식을 채우고 싶음 : 지식욕,

어떤 기술(서예, 악기 등)들을 익히고 싶음,

인정받고 싶음 : 인정욕,

사랑받고 싶음 : 애정욕,

누구와 함께 하고 싶음 : 사교 욕구,

가르치고 싶음, 지도하고 싶음 : 지도 욕구,

그리고 살고 싶음 : 생존 욕구,

등이 거의 없다.

살아 있는 동안 최선을 다하고자 할 뿐……

4. 자비 인격을 향한 마음.

남은 생 동안, 무심[虛空心]을 바탕으로 하여 지극한 자비의 인격을 이루어 볼까 하는 꿈을 가지고 있다. 하시라도 이기심이 엿보이면, 에고(ego)의 내세움이 발견되면, 즉각 무아리(無我理)로 다스리고 대아리(大我理 : 同體大悲)로 회향하는 마음 다스림을 연마하여, 끝내 여여한 가운데 대자비행만 있을 뿐인 인격을 작품화시켜 가 보자는 이상이 있다.

현재만큼의 자비심에 아직 많은 부족함을 느끼기는 하나, 그러한 이상을 가지고 있음으로 하여 위로와 격려와 희망이 느껴진다.

5. 내 속에 있는 여러 가치관 체계들.

이 또한 큰 재산이다. 사람은 그가 어떤 것을 가치 있게 여기고 있는가의 생각 체계에 따라 살아가게 마련이다.

사람이 이렇게 살면 보기 좋은 모습이겠다.
이렇게 살면 스스로 평온해지겠다.
이렇게 살면 복되게 살겠다.
이렇게 살면 후회가 없겠다.
라고 하는 [이렇게]의 모형[form]이 있다는 것이 참 좋다.

6. 퇴전이 없을 것 같은 자기 신뢰.

　마음 공부 길에 접어 들어 한 세월 동안 수시로 스스로에게 실망하고 좌절하며, ‘이래 가지고서 언제 대도(大道)에 이르나?’ ‘언제쯤에나 큰 인격에 이르나?’ 하는 회의와 자책을 거듭하면서 자신을 옥죄는 듯한 자학적 채벌을 일삼던 시절이 있었다. 손가락을 촛불에 지져 대기도 하고, 혈서의 다짐도 가져 보며…….
　어느 순간, 그러한 다그침조차 욕심이요 오만임을 깨달았다. 그 이후 스스로에게 한결 너그러워졌다. 그러던 가운데 언젠가부터, ‘앞으로 나아가는 일만 있겠구나! 이제는 퇴보하지는 않겠구나!’ 하는 자기 신뢰가 됨을 보았다. 더욱 여유 있고 한가한 정진이 이루어지는 세월이 되었다.

　7. 경험.

　지금까지의 모든 경험이 한 재산이다. 내 안의 모든 심리와 나 밖의 모든 환경 즉, 미움·짜증·분노·실패와 좌절·사랑·찬사와 존경·입산출가·피나는 정진과 게으름·후회와 반성·병고와의 다툼 등등의 모든 역사가 ‘오늘의 나’와 또 미래의 ‘보다 성숙되고 비워져 가는 나’를 만들어 갈 밑거름이 될 것임에 이 모든 경험들이 귀한 재산으로 여겨진다.

8. 플러스 알파(+ α).

　지금까지의 생애를 뒤돌아보며 지금까지 일구어 온 내 속살림들에 어떤 것들이 있나 살펴보면서, 대청소를 하여 제 물건 제자리에 잘 정돈해 놓은 것처럼 정갈하고 시원하다. 평온한 마음이 된다. 조용한 미소가 지어지며…….
　여러분들의 속살림들을 한번 정리해 보시면 어떨까 조심스레 권해진다. 각자 또 어떤 소중한 체험이 있으리라.

　초겨울의 쌀쌀한 바람이 기분 좋은 긴장감을 준다. 오직, 보다 한가로워져 가고 보다 자비로워져 갈 것을 서원하며, 이 세상 모두의 행복을 기원한다.

2003년 초겨울

정사유와 인생

사람의 한 평생에 어느 것 하나 소중하지 않은 것이 있으리요마는, 그 중 참으로 소중한 것 하나를 들라면 내 개인적으로는 정사유(正思惟)를 들고 싶다. 동물도 식물도 생각을 하고 산다지만 사람이야말로 생각하는 동물의 대표라 일컬어지는데, 생각하는 기능을 극대화시켜 갈 필요가 있지 않을까 한다. 왜냐하면, 삶의 겉모습은 언행으로 표현되는 것이 거의 전부이다. 언행의 모양새로 인격의 척도를 삼고, 언행의 질에 따라 행복의 중량이 결실된다.

언행 이전의 심리과정은 생각[思]이다. 생각이 말을 하게 하며, 생각이 행동을 하게 한다. 고로 생각이 곧 그 사람의 인격의 초석이요,

생각이 그 사람의 행복을 결정짓는 단초가 된다. 원리에 입각하여 체계적으로 생각을 하는 것, 그것을 정사유라 한다. 정사유와 인생은 절대 불가결의 관계에 있다.

삶의 현장 모든 상황에 대해 정사유해야겠지만, 삶의 가치관 몇 가지는 철저한 격물치지(格物致知)적 사유가 요해진다. 그 몇 가지에 대하여 논하여 볼까 한다.

첫째, 삶의 목적에 대한 정사유이다.

사람은 태어나서 죽을 때까지 무엇인가를 애쓰면서 산다. 그 모든 행위의 목적이 무엇인가는 누구나 다 안다. 그러나 그 앎의 깊이에는 사람마다 차이가 있다. 삶의 목적을 분명히 알고, 그 앎의 깊이를 보다 다져 간다면 우리 인생에서의 혼동과 갈등을 대폭 줄이고 보다 안정된 삶을 살아갈 수 있으리라.

삶의 목적이 무엇인가?

삶의 목적은 행복이다. 행복이란 기분 좋음[좋은 느낌, 기쁜 정서, 좋은 감정, good feeling]을 말한다. 좋은 느낌[정서]이 삶의 목적이라는 것을 정사유를 해야 한다. 느낌에 눈을 뜬 사람의 의식세계는 그 전개 과정이 정연하다. 느낌은 삶의 핵심이자 혼의 핵심이다.

목적에 뚜렷이 깨어 있게 되면 하시하처라도 목적을 위해 노력하는 삶을 살게 될 것이다. 기쁘도록 살 것이다. 기쁘지 않게 하는 순간을 허용하지 않을 것이다. 기분이 좋지 않을 때는 재빨리 기분전환을 할 것이다. 기분 좋음이 삶의 목적이니까 말이다. 삶의 목적에 뚜렷이 깨어 있지 않으면, 욕구에 휘둘리는 습관적인 삶을 살게 된다. 우리가 무엇인가를 구함에 있어 그 성취의 끝에 오는 기쁨이 행위의 목적이라는 것을 정사유하지 않으면, 욕구의 내용[財色食名壽]이 삶의 오롯한 목표가 되어 혼동된 삶을 살기 쉽다. 현재도 행복하고 미래에도 행복할 수 있는 삶을 살자. 언제든 행복하자. 지금 바로 행복하자.

둘째, 행복과 행복의 조건의 구별에 대한 정사유이다.

사람의 모든 행위의 목적은 기쁨이다. 만큼의 기쁨을 위함이다.

우리를 기쁘게 하는 많은 조건들이 있다. 돈은 사람의 마음을 기쁘게 한다. 건강은 사람의 마음을 기쁘게 한다. 명예는 사람의 마음을 기쁘게 한다. 연애와 결혼은 사람의 마음을 기쁘게 한다. 일과 과업의 성취는 사람의 마음을 기쁘게 한다. 음식은 사람의 마음을 기쁘게 한다. 종교는 사람의 마음을 기쁘게 한다.

일상 속에서의 사소한 모든 행위 또한 기쁨을 위함이다. 세수를 할 때 기쁘다. 화장을 할 때 기쁘다. 잠을 잘 때 기쁘다. 대소변을 볼 때 기쁘다. 아름다운 경치를 볼 때 기쁘다. 여행할 때 기쁘다. 마음을 나눌 수 있는 벗을 만날 때 기쁘다.

이 모든 것들이 행복의 조건이라는 것을 명확히 정사유할 때에는, 하나의 조건이 부실하여 기쁨이 덜 할 때에는 다른 조건을 통하여서라도 기쁨으로 전환할 것이다. 기쁨이 삶의 목적이니까 말이다.

삶의 목적이 행복이라는 것을 정사유하고, 행복과 행복의 조건의 구별을 정사유하게 되면, 그때그때 만큼의 행복을 누리며 행복을 위한 보다 적극적이고 순발력 있는 노력을 해 갈 것이며, 행복의 조건을 개선해 가고자 하는 의지가 향상될 것이다.

셋째, 수용에 관한 정사유이다.

우리는 항상 어떤 상황에 놓이게 된다. 그것이 긍정적이든 부정적이든, 우리를 행복하게 하든 덜 행복하게 하든 그 어떤 상황에 임하게 된다.

욕구하기로야 모든 상황이 우리를 행복하게 해 주기를 바란다. 그러나 욕구대로 되지 않을 경우에 우리가 할 수 있는 일이 무엇일까를 정사유해야 한다. 정사유하지 않으면 습관대로 살게 마련이다. 우리는 욕구대로만 되기를 바란달지, 욕구가 성취되어야 비로소 기뻐지겠다는 듯이 그 경계가 바뀌기만을 기대한달지, 혹은 불유쾌 정서를 내뿜기만 하고 하소연하며 아무 대책도 없이 시간을 보내기 일쑤이다. 우울해 하고 원망하고 화를 내는 것을 당연히 여기며 말이다.

우리에게 주어지는 모든 상황을 우리는 끝내 수용하는 수밖에는 다른 길이 없다. 그것을 정사유해야 한다. 상황을 수용하지 못할 때에는 괴롭기 때문이요, 괴로움은 삶의 목적이 아니기 때문이요, 괴로움은 상황 전환을 위한 긍정적 에너지를 만들기 어렵기 때문이요, 그 어떤 상황이든 그것이게 하는 종합적 원인이 있을 것이기 때문이다.

인생은 끝없는 지향의 길이다. 무엇인가의 성취를 위하여 부단한 노력을 하며 그 성취는 만큼의 기쁨을 준다. 보다 풍성한 미래의 성취를 위해서 보다 힘찬 도전 의욕이 필요하다. 힘찬 의욕은 괴로움에서보다는 기쁨의 바탕에서 나온다. 힘찬 지향 의욕을 위해서도 끝내 모든 것을 수용하는 길밖에는 다른 묘수가 없다.

이와 같이 인생에 있어서, 행복한 인생을 구함에 있어서 정사유는 필수불가결의 요소이다. 생각하는 기능의 단련, 그것은 질 높은 행복을 얻는 한 길이다. 아마도 최고의 행복을 위한 최고의 생각 활동은 개념 이전 즉, 한 생각도 허용하지 않는 순수의식 자체로 깨어 있음에 대한 정사유일 것이다. 동사섭 수련회의 마지막[Top] 과정이다.

사유하고 살자. 정사유하고 살자. 모든 것에 앞서 몇 개의 신념은 꼭 깊게 사유하고 살자. 삶의 목적이 행복임을, 행복과 행복의 조건의 구별을, 삶의 목적이 행복인 만큼 지금도 행복하고 미래에도 행복할 수 있음의 원리인 수용의 미학을 성실히 정사유하자.

위의 명상 주제들에 대하여 필자는 어떠한가?

이러한 주제로 20년이 넘는 세월 동안 강의하고 수련을 진행해 온 사람으로 어찌 비로소 사색해 보는 문제일 것이리요마는, 최근에 와

서 더욱 명료하게 사유·정리됨이 새롭다. 이제야 제대로 아는 듯
뇌리에 깊게 배어 든다. 깨달음의 파장이 가슴과 온몸으로 번져가는
듯하다. 짚신이 닳도록 세상 방방곡곡을 다니며 이 깨달음을 전하고
싶다. 그리하여 세상 사람들의 삶의 혼동을 최소화시키고, 행복도
(幸福度)를 극대화시켜 가는 데 조력하고 싶다. 할 수만 있다면, 내
생애를 다 바치고 싶다. 간절한 발원 속에 맑은 눈물이 고인다.

2004년 6월 1일

사람사랑에 대한 단상

　'사랑이란?' 의 설문에 대한 모범적 답안들이 다양하게 있을 것이다. 사랑에 대한 보다 객관적인 정의와 필요성 및 실천의 답안을 찾아보는 것도 한 과제이겠지만, 각자 나름의 확신 있는 답안을 가져두는 것도 의미가 있을 듯하다. 왜냐하면 우리는 평생 사랑타령을 하며 살아가고 있을 만치 사랑은 우리 인생에 있어서 매우 중요한 주제요, 아니 어쩌면 삶의 핵심 주제 중의 하나가 아닐까 생각해서이다. 그리고 나름의 확신을 가진 작은 실천의 시작, 그것이 삶의 기적을 가져올 것이라 믿기 때문이다. 나의 반평생의 삶에 대한 중간보고서 중에서 사람사랑에 대한 주제가 요즈음의 주된 명

상테마이다.

　반세기 동안의 삶의 여정에서 참 많이도 사람들을 만나 왔다. 사람 사이의 '참 만남'의 가치를 인식시키며, 참 만남의 구체적 방법을 안내하는 집단수련과 개인상담에 많은 세월을 보내 왔다. 사람을 많이도 아끼고, 사람을 위해 많은 에너지를 쏟고, 많은 사람과 더불어 희비를 함께 하며 보내온 세월의 지금 즈음에서, 내 안의 사람사랑에 대한 엄정한 검토가 요해진다. 자칫 사람사랑 매너리즘에 빠져 있는 것은 아닌지, 고급 이기심 충족을 위한 자기기만으로서의 사람사랑 타령 속에 있지는 않는지, 진정한 사람사랑이 무엇인지, 면밀한 점검을 해보며 보다 양심적이고 탄탄한 삶의 여정을 다져 가리라 다짐한다.

　사랑이란 그 무엇인가를 혹은 그 누군가를 '좋아하고, 아끼고, 위하며, 섬기는 마음과 행위'라고 정의해 본다. 사랑한다 할 때면 그 대상이 물건이든, 사상이든, 사람이든, 종교적 상징이든, 일단 마음이 그곳으로 끌려가는 것은 확실하다. 그 끌림은 좋은 감정을 유발하며, 우리는 그 좋은 감정을 지속하고 확장하고 순화하기 위한 노력들을 소신껏 한다. 좋은 감정을 시작점으로 하여 보다 안정된 좋음을 위한 노력의 과정에서 우리는 자칫 자신의 노력의 양과 질에 넘치는 결과를 기대하는 집착 에너지를 갖기 일쑤이고, 그 대가로서 마음의 고통을 겪곤 한다.

사랑의 유형에는 그 대표적인 것들이 남녀의 사랑, 부모 자식 간의 사랑, 친구 사이의 사랑, 선후배 사이의 사랑, 사제지간의 사랑, 종교적인 사랑 등이 있다. 그 어떤 사랑이 되었든 사랑의 감정은 좋은 느낌이다.

간혹 '사랑은 괴로움이 따르는 것', '사랑하기에 괴롭다.' 는 멋스러운 표현들을 접한다. 그러나 잘 살펴보면, 사랑으로 인하여 오는 결과라기보다는 아직 서툰 사랑에서 야기되는 과정적 증상이 아닐까 생각한다.

나의 경우는 어떠한가? 사랑했기에 괴로웠던 예들을 되돌아보면 사람을 아끼고 위하는 마음은 있었다 할지라도 제대로 아끼고 위하는 마음이 부족하였고, 나아가서 사람을 섬기는 마음이 부실했다는 것을 반성한다. 섬기는 마음, 진정 그것이 사랑의 최고봉일 것이다. 사람사랑의 극점은 섬김의 예로서 표현되며, 섬김의 극점은 무아로서 그 완성을 이루게 되리라는 자각이 새롭다.

주변의 기독교도 교우들의 입에서 '섬김' 이라는 단어 사용을 들을 때마다 내 안에서 늘 섬세한 떨림이 있곤 하였다. 그 떨림의 의미는 아마도 짧지만 날카로운 반성과, 실행엔 늘 부실하지만 다부진 다짐의 심사였을 것이라 해석한다. 사람을 떠올릴 때의 마음이, 사람을 대할 때의 마음이, 조석으로 예불(禮佛) 모실 때의 마음가짐처럼 될 것을 희망한다면 그것이 설령 자기만족을 위한 관념놀이에 불과하다 할지라도 참으로 거룩한 기도가 아닐 수 없다. 섬기는 마음의 부실, 그것은 곧 탄탄한 에고(ego)의 실체를 반증하는 것이다. 살아온 반세기를 돌아보며 부끄러움이 많다.

사랑의 필요성에 관하여서는 불문가지이다. 섬김의 인격 또한 연습으로서 접근해 갈 일이다. 그 토대는 무아에 대한 철저한 관행과 세상 행복에의 은은한 대원지심이다. 나아가서 존재의 초월성에 대한 면밀한 깨달음이다. 사람을 대함에 그 존재의 신비성만을 관한다 하더라도, 한 치의 이기심 없이 제대로 관해 본다면 감히 범접할 수 없는 성역임을 고개 끄덕일 것을……!!!

제법 날씨가 쌀쌀하다. 더욱 빈 마음으로 더욱 온기를 더해 가고 싶게 하는 날씨이다. 날씨가 더러 사람의 마음을 경각하게 하는 좋은 벗이 되어 준다.

2005년 11월 중순

참회의 미덕

참회란 깊게 뉘우친다는 뜻이다. 살아온 세월을 돌이켜보며 스스로의 잘못을 성찰―시인―뉘우침―결의하는 전 과정을 참회라 한다. 다른 단어로는 회개라 부르기도 한다. 참회[회개]기도는 하늘마음에 달하는 참으로 성결한 의식이라 믿는다.

나이가 들수록 존재계의 엄정한 섭리 앞에 경건한 두려움으로 더욱 무릎이 꿇어지며, 참회가 우리 인생에 왜 필요하며 얼마나 필요한지를 더욱 절감한다. 호리의 만심에도 화들짝 놀랄 것을 다지며 진정한 참회의 기도를 이 가을에 바치고 싶다.

인생이란 '관계' 속에서 일어나는 커다란 한 마당의 극(劇)이다. 관계 속에서 무엇인가를 서로 주고받기하며 다채로운 극을 만들어 간다. 우리가 숱한 세월 동안 수없이 많은 꺼리를 주고받는 듯하여도 그 내용을 간추려 보면 그저 기쁨을 주고받고, 고통을 주고받는 것으로 정리된다.

기쁨을 주고받는 일이야 다다익선으로 아무리 하여도 지나침이 없겠지만, 고통을 주고받는 일은 우리가 정신 차리고 경계하지 않을 수 없다. 누구의 인생이든 그 삶의 목적은 고통을 떠나서 기쁨을 지향해 가는 것이라고 볼 때에, 고통은 무조건 순화시키며 기쁨은 가장 적극적으로 일구어 가는 일이 우리 모두의 삶의 절대적 목표가 될 것이기 때문이다. 고통의 순화, 기쁨 지향의 구체적 방법으로서는 고통과 기쁨의 조건[원인]이 되는 것들을 개선해 가는 것이 그 전부이리라. 즉 행복 조건의 개선이다.

행복 조건을 크게 두 분류로 나누어 보면 '윤택한 환경'과 '모든 환경을 잘 받아들이는 수심 체계'로 정리된다. 이 세상 모든 사람들과 생명체들의 가장 이상적인 환경을 진심으로 빌어마지 않는다. 아울러 우리 모두가 어떠한 환경이라도 잘 수용하는 수심 인격이 높아져서, 윤택한 환경을 갈구함에만 치우치는 인생이 되지 않도록 간곡히 빈다. 일체 환경을 잘 수용함은 그 자체로 평정심을 가져올 뿐만이 아니라, 윤택한 환경을 부르는 좋은 에너지를 만들어갈 것이라고 굳게 믿는다.

일체 환경을 잘 수용하는 수심의 하나로 참회기도가 있다. 자신의 일체 업장을 참회하는 의식이다. 환경을 탓하여 불만하거나 원망하지 않고, 스스로 복이 부족하고 덕이 박함을 뉘우침이다. 여하한 환경이라도 잘 수용하며 그보다 나은 환경을 지어 가고자 노력해 감에 있어서 어쩌면 이보다 더 명쾌한 답안은 없을 수도 있다.

우리의 업장을 제대로 녹이고, 과거청산을 통한 새로운 삶을 시작하고자 할 때에 참회의식은 반드시 통과해야 할 필수 관문일 수 있다. 왜냐하면, 인생은 우리가 현재의 이전에 지어 놓은 대로의 삶의 패턴이 꾸준히 때와 장소를 달리하여 재 실행되어 갈 뿐이기 때문이다. 마치 컴퓨터에 한 프로그램을 설치해 놓으면 그대로만 실행되는 것처럼 말이다. 그리고 우리가 세상을 향해 내뿜은 심신의 파장이 세상[人, 物, 事 등등]에 부딪혀 그만큼의 무게와 색감과 강도로 자신에게로 되돌아와 역사하기 때문이다. 마치 이 산에서 야호하고 지른 소리가 저 산에서 부딪혀 되돌아오는 메아리처럼 말이다. 이 사실을 제대로 알게 된다면, 초미의 긴장과 경건한 두려움을 아니 가질 수 없는 것이 삶의 현장이다.

고로 참회기도에 선행하는 좋은 신념으로는 인과율에 대한 순직한 믿음과 선연한 깨달음이다. 인과율은 존재계의 엄정한 섭리이다. 우리가 살고 있는 이 세상은 호리의 오차도 없는 중중연기(重重緣起)의 이치로 흘러가고 있다고 볼 때에, 우리 앞에 다가오는 그 어떤 상황이라도 그 원인이 내 속에 있지 아니 하다고 볼 수 없으리라. 일체유심조(一切唯心造)의 원리가 그것이다.

우리가 살아가면서 누군가로부터 호감을 얻지 못하고 있다면, 누군가로부터 미움을 받고 있다면, 누군가를 이유 없이 덜 우호적으로 느끼고 있다면, 누군가를 적당한 이유를 내걸며 미워하고 있다면, 누군가와 서로 사이가 좋지 않다면, 어떤 일이 잘 풀리지 않고 있다면, 원치 않는 일이 자꾸 일어나고 있다면, 참으로 괴로운 일이다. 이때 우리의 할 일은 스스로를 돌아보면서 내 안에서 그 인(因)을 찾으려 애를 쓰고, 성심으로 무조건 참회부터 할 일이다. 참회부터!!!

참회는 마음을 낮게 한다. 참회는 마음을 맑혀 준다. 참회는 마음을 밝게 한다. 참회는 마음을 당당하게 한다. 참회는 마음을 활기 있게 한다. 참회는 죄의식의 속박으로부터 벗어나게 하는 소극적 의미로서만 작용하는 것이 아니라, 행복한 삶의 원리에 대한 눈을 열어 주는 적극적인 의미를 가져다 준다. 참회란 우리 영혼 속의 절대양심과의 소통이다.

또한 참회는, 그 극점에서 니르바나[大解脫]의 이상향으로 통한다. 자신의 과오를 되돌아보며 우주 양심에 고개 숙이고 가만히 있노라면, 모든 과오의 근본 원인이 어디서 오는지 그 원리가 보인다. 모든 과오는 세상의 빔[我空 法空]을 알지 못하고 아와 법을 실체시

한 데서 오는 것임을 알 수 있다. 그 무지를 깨닫고 반성하며, 지혜의 눈으로 세상을 바로 본 즉 온통 텅텅 빈 대 해탈의 우주가 현전하는 것이다. 그것이 가장 높은 수준의 참회법이다. 불교에서 말하는 이참이다.

사리분별 차원에서의 참회를 사참(事懺)이라 일컫는 반면에 이치적으로 참회하는 것을 이참(理懺)이라 한다. 정직한 사참과 냉철한 이참을 함께 하여야 진실한 참회[眞懺悔]라 한다. 참으로 묘하고도 감사한 이치가 아닐 수 없다. 우리가 얼마만큼 우리 영혼 속의 절대 양심에 가 닿을 수 있을 것이며 우리 영혼이 얼마나 자유를 얻을 수 있을 것인가 하는 것은 우리가 맑고 평온한 마음을 얼마나 가치 있게 여기는가, 그것을 얼마나 간절히 원하는가의 의지에 비례할 것이다.

청명한 가을 하늘 아래서, 내가 기억하는 모든 죄업을 낱낱이 다 고해 바치며 성심껏 참회하옵고, 내 무지의 바닥까지 말끔히 날려 보낼 대오각성을 놓치지 않고자 죽을 힘 다하여 바치는 나날이 될 것을 서원한다.

2005년 9월의 끝자락에서

하늘나라 무한보험

보험이란 큰 지출을 요하는 부담스러운 경우에 대비하여 미리 돈을 조금씩 불입하여 나중에 그 혜택을 받게 하는 보증 제도를 말한다. 좀더 폭넓게 해석하자면 미래의 안전한 혜택을 위하여 미리 조금씩 준비해 가는 준비인생 제도이다. 보험의 종류로서는 교육보험, 건강보험, 자동차보험, 저축보험, 생명보험, 산재보험, 연금보험, 종신보험 등 다양하게 있다. 필요에 따라, 형편에 따라, 많은 사람들이 보험설계를 하여 미래의 인생을 대비한다.

나는 이 보험 제도를 감사히 여긴다. 더불어 살아가고 있는 사회 공동체의 상부상조의 한 형태로 보기 때문이며, 미래의 삶을 준비하

는 그 정신에 대한 예찬으로이다. 나도 건강보험과 자동차보험은 들어 있다. 병원엘 가는 일이 거의 없고 자동차 사고를 낸 적이 한 번도 없지만, 보험료를 낼 때는 굳이 내 자신이 보험혜택을 받고자 하는 마음에서라기보다는 사회에 부조하는 마음으로 불입을 한다.

읍에서 약 3킬로미터 떨어진 이곳에서 산 지 그럭저럭 16년째다. 워낙 작은 고을인지라 읍내 주민들과도 웬만하면 금세 안면이 익어진다. 보험 아주머니들께서는 길에서, 혹은 우체국이나 가게에서 만났을 때, 심지어는 절까지 찾아와서 보험에 가입할 것을 권하셨다. "스님들은 그런 것에 기웃하면서 살면 안 된답니다. 스님들이 무엇인가의 나중 일이 걱정되어서 보험 같은 것을 든다면 그다지 좋은 모습은 아니겠지요?"라며 정중하게 돌려보내곤 하였는데 몇 차례 거듭되는 상황에 당하여 '왜 스님들이 그런 것에 기웃하며 살면 안 되나?' 아니, '나는 왜 그런 것에 기웃하지 않고자 하는가?' 하는 명확한 이유를 정리해 보았다.

이 세상 모두가 진정 복되길 빈다. 내가 말하는 복된 삶이란 마음이 평온하고, 몸이 건강하고, 악운이 따르지 않는 순조로운 일상을 일컫는다. 또한 그 평온함이 지극한 경지의 것이기를 바란다. 마음이 맑고 평온하면 몸도 환경도 복되고 순조로워질 것이라는 믿음을 나는 가지고 있다. 그리고 세상을 위한 맑은 베풂은 자신의 몸과 마음을 기쁘게 할 뿐만이 아니라 그 자체 복된 삶을 일구어내는 복전 (福田)이 된다고도 믿는다. 나는 자신의 마음의 평온을 위해, 아울러 세상의 맑고 밝은 기운을 위해 자신의 탐진치 소멸을 위한 정진을 하며 삼가 선행을 애쓴다. 이 모든 행위의 하나하나가 다 하늘나라 무한보험에 불입하는 보험료라 믿으며, 그 믿음 속에는 내 보험료의 수혜자가 정녕 이 세상 모두가 되었으면 하는 소망을 담고 있다.

내가 들어 있는 보험은 하늘나라의 무한보험이다. 내가 살아가고 있는 모든 순간의 모든 행위가 저 하늘의 마음에 다 기록된다고 나 는 굳게 믿는다. 하늘은 순수하고 완전하며, 공정하고 냉엄하게 그 기록을 감지·분별하여 때를 맞추어 응답한다고 믿는다. 고로 내게 다가오는 모든 현실은 곧 나의 창조임을 믿으며, 내가 기대하는 그 어떤 선의의 결과라도 반드시 기다림을 익혀야 한다고 마음을 다독 인다.

때론 세상과 사람들이 야속하게 여겨질지라도, 저 하늘은 이미 아 신다고 믿는 마음이다. 이 믿음은, 내 삶의 현재와 미래에 대해 걱정 하지 않게 한다. 오직 자신의 마음 단속을 통한 정진과 선행을 애쓸 뿐이다.

저 하늘은 무한한 복덕의 창고라고 나는 믿는다. 그곳에는 모든 것이 무량하게 있다고 나는 믿는다. 오직 착실히 보험료를 잘 내기만 한다면 즉, 순간순간 정성스럽게 마음 단속 잘하며 따뜻하고 맑게 베풀며 살아간다면, 내가 필요로 하는 모든 것은 저 하늘로부터 가만히 주어진다고 나는 굳게 믿는다.

내가 들어 있는 하늘나라 무한보험 회사는 부도 날 리가 없다고, 보험 혜택을 주는 데 있어서도 인색하거나 부당하지도 않다고 나는 믿는다. 그저 공정하고, 넉넉하며, 무한하다고 믿는다. 다만 믿음으로서만이 아니라, 아주 쬐끔은 내가 알고 있는 듯하다. 이것이 내가 세상보험에 기웃하지 않고 하늘보험에 가입한 분명한 이유이다.

연말이 되어 또 한 해를 마감하는 정직한 성찰로 한결 고요해지는 마음이다. 이 연말에, 그리고 돌아오는 새해에는 더욱 두터운 보험료를 불입하고자 다짐한다. 내 보험 수혜자들의 보다 복된 삶을 진심으로 기원하며!

2005년 12월을 마감하며

3부

깨어 있는 삶

우리가 살아 존재하고 있음을 규명할 수 있는 오직 하나의 단서가 있다면 바로 우리에게 순간 순간의 삶이 있는 것이다. 지금 이 순간의 삶을 배제하고서는 그 어떤 희망도, 꿈도, 이상적 초월도 다 헛된 노래에 불과하다.

삶

삶이란 무엇인가? 살아 숨쉬고, 생각하고 느끼며, 목숨 다할 때까지 무엇인가를 끝없이 지향해 가는 이 삶! 각각의 사람들이 갖가지의 모습을 하고 있을지라도, 그 모두의 삶의 목적은 행복이라는 점에 있어서 공통적일 것이다. 세상 모두의 삶이 진정 행복하시길 진심으로 빌면서 이 글을 쓴다.

설령 삶이 무엇인지를 개념적으로 선명히 설명해 내지는 못할지라도 우리는 그 정의를 논함에 있어서 서로 통하는 느낌이 있다. 그저 가슴 찡한 감동으로 통하는 정서가 있다.

삶이란 신이 내린 선물이라 해도 좋다. 자신이 선택한 필수 과제라 해도 좋다. 우리에게 주어진 피할 수 없는 멍에라 해도 좋다. 어떻게 해석하더라도, 삶이란 우리에게 절대적인 가치로서의 무엇이다. 이 세상의 어떠한 종교적 원리나 철학적 논지라도 이 '삶'을 제외한 것이라면 과연 무슨 의미가 있을 것인가!

이러한 삶을 보다 행복하게 하기 위하여 요모조모 생각해 보지 않을 수 없다. 가장 우선적인 것으로서는 삶에 대한 태도 정립일 것이다. 나름의 몇 가지 태도를 가지고 있지 않으면 자칫 익숙해져 있는 습관적 애매함으로 세월을 흘러 보낼 수도 있다는 생각을 하곤 한다.

삶에 대한 바람직한 태도로서의 그 첫째는 '삶을 소중히 여김'이지 않을까 하는 신념을 권장해 본다. 삶의 소중성에 대한 각성 말이다.

삶이란, 사람의 삶이란 그 누구의 그 어떤 삶이라한들 소중하다. 논리 전개를 펼쳐 가노라면 이 세상 존재하는 모든 생명들의 삶이 다 소중해질 수도 있다. 그러나 우선 사람의 삶을 논해 보자는 것이다. 남녀노소, 빈부, 지위에 상관없이 자신의 삶을 참으로 귀하고 소중히 여기는 것이 얼마나 중요한가 하는 것은 아무리 강조하여도 지나침이 없을 것이다.

내 내담자들의 상당수가 자신의 삶에 대한 비하감을 가지고 있다.

놀랍게도 이 세상의 많은 사람들이 자신의 삶에 대하여 '애매한 생
각' 으로 있든지 혹은 '귀하고 소중하게 여기지 않음' 속에 있든지
하고, 그 결과 다양한 심적 고통으로 시달리고 있음을 본다.

　남보다 가진 것이 좀 부족하다 하여, 남보다 학벌이 좀 낮다 하여,
남보다 사회적 지위가 좀 못 미친다 하여, 남보다 얼굴이 좀 못 생겼
다 하여, 남보다 능력이 좀 떨어진다 하여 스스로가 먼저 자신의 삶
을 비하하여 고개를 떨구며 어깨에 힘이 빠져 있지는 않는지 돌아볼
일이다. 또는 삶에 대한 별 생각 없이 그저 습관적으로 살아가면서
자신의 업이 끌어당기는 대로 이끌려 살아가고 있지는 않은지 살펴
볼 일이다.

　어둑어둑한 새벽 도심의 골목길에서 음식물 썩은 냄새 물씬한 공
기를 삼키며 쓰레기를 치우고 있는 미화원의 치열하고 부지런한 하
루의 시작 속에서, 미어터지도록 가득 태운 전철 속 북적대는 출퇴
근길의 사람 냄새 속에서, 저자 모퉁이 난전에서 풋고추 몇 움큼과
상추 몇 단, 그리고 직접 껍질 벗긴 토란 몇 그릇 내어 놓고 한 푼이
라도 절약하기 위해 주어다 모은 듯 꼬깃꼬깃 허름한 검정 봉지에
담아서 팔고 있는 할머니 노점상의 꾸부린 허리와 시린 손끝에서 읽
어지는 실감나는 애틋한 삶, 하루 종일 상자 같은 빌딩 속에서 희로
애락을 빚어가는 회사원들의 일과 속에서, 종일 남의 자식들을 맡아

서 개가 그 똥도 안 주워 먹을 만치 속 썩어 가며 아이들과 함께 해 주시는 교사들의 목청 높은 언성들 속에서, 이제는 사래 긴 논밭을 땀 흘리며 갈고 있는 황소 구경하기도 드문 시골이 되어 버렸지만 아직도 시골 들녘을 지날 때면 느껴져 오는 천심의 농심(農心), 그 땀 냄새 속에서 더듬어지는 삶, 삶, 삶의 파노라마! 이러히 절박하고 애잔하며, 지극하게 아름다운 삶들을 어찌 귀하게 여기지 않을 수 있을 것이며, 어찌 사랑하지 않을 수 있을 것이며, 어찌 기도하지 않을 수 있을 것인가!

우리 마을에 홀로 사시는 할머니 한 분이 계셨다. 올해 연세가 팔십다섯이시다. 슬하에 자식이 하나도 없고 일찍이 혼자가 되시어 정부에서 배려하는 무의탁 독거노인 혜택을 받으며 살아가신다. 소유하고 있는 땅이라고는 겨우 작은 오두막집 하나와 백여 평방미터의 미나리 밭 하나가 있을 뿐이다.

그 미나리 밭에서 기른 미나리는 읍내 장에다 내어 파신다. 자주 우리 명상의 집에도 갖다 주신다. 그것이 할머니의 한 낙인 듯싶다. 꼬부라진 허리는 90도 각도는 되는 것 같다. 귀도 어두워진 지 오래다. 보청기를 끼면 귀가 울리고 머리가 아프다 하시며 보청 기구는 빼 놓고 사시는 편이다.

당신이 잘 들리지 않으니 늘 목청이 높다. 우리도 소리 높여 말을 해야 겨우 들으실 수 있다. 그러하니 마을 주민들과의 사교가 원활

할 리가 없다. 게다가 외롭고 소외감이 느껴져서인지 오해도 잘 하신다. 마을 주민들에 대하여 서운한 점들이 많으시다. 그럴 때면 나에게 와서 더러더러 하소연하신다. 들어보면 미나리 할머니께서 과민하게 여기시는 것들도 많다. 그러나 잘 들어드리고 차도 대접하며 따숩게 대해 드리니 딸처럼 의지하고 드나드신다.

아무 딸린 식구들이 없는데도 불구하고 몸을 잠시도 가만 두지 않으시고 부지런하게 오두막집 주변의 거친 땅들을 일구어 콩이랑 팥이랑 열무랑 상추 등을 가꾸신다. 조금씩 돈이 될 만한 것들이 수확되면 읍내 장에 가서 돈이랑 바꾸어 저축을 하곤 하신다. 물려줄 자식도 없건만 그 꼬부라진 허리와 아픈 다리를 질질 끌고 다니면서도 정말 열심히 살아가신다.

17년 전 이곳에 처음 이주해 와서는 할머니를 보면 늘 가슴이 아프고 눈물이 나왔다. 그때부터 할머니는 몸이 그다지 성치 않으셨다. 그러나 오랜 세월 가까이서 할머니를 지켜보지만, 다만 쓸쓸하고 버겁기는 하나 할머니께서는 당신의 삶이 지루하거나 귀찮거나 공연한 짐으로 여기시지는 않은 것 같았다. 현재에도 미래에도 아무 낙이 없을 듯 보이는 한 노인이, 너무도 악 조건의 건강 상태임에도, 매 순간 지독하게 열심히 정성껏 살면서 차근차근 미래에 대한 준비도 해 가시는 모습에서 나는 할머니에 대한 나의 연민과 아픔과 눈물을 부끄러워하기 시작했다. 나의 그릇된 해석에서 온 오만이 아닐까 하고 반성했다.

할머니의 새까만 얼굴빛과 깊은 주름, 터진 손등과 꼬부라진 허리, 그리고 거칠게 높은 목청 등 어느 것 하나 귀하게 여겨지지 않는 것이 없었다. 나에게 '삶' 에 대하여, '사람의 삶' 에 대하여 한층 성숙된 관점으로 바라보게 한 모습들이었다.

그 할머니가 언젠가부터 오서서는 집안의 물건들이 한 개씩 없어진다는 것이다. 마을 사람들이 가져간다고 하신다. 다른 분들께 가만히 여쭈어 보니 아닌 것 같았다. 할머니께서 왜 그런 생각을 하시게 되었을까 궁금해 하고 의아해 하면서, 그냥 당신의 속 소리를 들어드리는 것으로 한 몫을 한다고 여기며 세월이 갔다.

지난 겨울철 초입에 할머니를 인근 도시의 시설에 모셨다고 마을 이장님께 전해들었다. 치매가 오서서 다른 방도가 없었다 한다. 그때서야 아하 할머니께서 자꾸 무엇을 잃었다고, 다른 사람이 가져갔다고 하셨던 것이 치매병의 시작이었던 모양이구나 하고 가슴이 시려 왔다.

바쁜 수련 철이 되어 아직 찾아뵙지를 못하고 겨울을 났다. 내일엔 이장님께 상세히 여쭈어서 할머니를 찾아뵈올 것을 마음먹는다. 나를 알아보실지 모르실지는 알 수 없으나 한번쯤은 가서 뵈어야 도리일 것 같고, 또 그리 해 드리고 싶다. 할머니 가슴 속에, 내 가슴 속에 서로의 존재가 의미 있게 자리하고 있는 인연인 듯해서이다. 따사로이 손을 잡고 가슴을 쓸어드리고 싶어서이다.

뉘라서 이분의 삶을 무어라고 평가할 수 있을 것이며, 뉘라서 이 삶을 초라하다 할 수 있겠는가? 그냥 '삶'이라는 것만으로도 우리의 뇌리와 가슴을 후비며 감동을 주는 이 삶을……! 미나리 할머니의 한 생을 떠올리니 세상 모두의 삶에 대하여 다시 한 번 마음 머물게 한다. 눈물이 맺힌다. 세상 모두가 자신의 삶에 대해 지극한 맘으로 귀의하며 소중하게 여길 수 있기를 빈다. 참으로 빈다.

불교에서는 사람으로 태어나 불법(佛法) 만나기가 얼마나 어려우며 귀한 일인가에 대한 깨우침을 주기 위해 맹귀우목(盲龜遇木)이라는 설화를 통하여 비유적으로 안내한다. 백 년에 한 번씩 물 위로 올라오는 눈 먼 거북이가 백 년 만에 물 위로 올라왔을 때에, 구멍이 하나 겨우 뚫린 나무판자 하나가 망망대해에 떠다니고 있는 것을 만나서 그 구멍으로 고개를 내밀고 의지하여 숨을 쉰다는 것에 비유한 이야기이다. 우리 모두의 순간순간의 삶은, 바로 그 눈 먼 거북이가 백 년 만에 물 위의 세상으로 올라와 구멍 뚫린 나무판자를 만난 것과 같은 기회일 수 있다.

또 성경에서는 말씀하신다. '사람이 온 천하를 얻고도 제 목숨을 잃으면 무엇이 유익하리요, 사람이 무엇을 주고 제 목숨을 바꾸겠느냐?'고.

살아 있음 자체로서, 살아서 삶을 영위해 가는 것만으로서 얼마나 귀하고 소중한 일인지를 제대로 알아야 목숨을 넘어서는 초월론을 논하여도 실감이 날 것이며, 그 귀한 목숨과 삶에의 집착을 놓게 하는 무아론(無我論)도 절실해질 것이 틀림없다. 귀하고 소중한 삶이기에 지고한 행복의 경지에까지 안내해 가고 싶을 것은 당연하다.

그 어떤 모습의 삶일지라도 자신의 삶을 타인의 평가에 의존하지 말고, 욕심에 이끌려 스스로 비하하지 말고, 그 삶이 고통으로 범벅되어 죽을 지경일지라도 스스로 존귀한 마음일 것이며, 경건히 받들며 살아갈 수 있다면!

동사섭 수련회는 첫 주제 강의 시간에 첫 설문을 던진다. "이 세상에서 가장 소중한 것이 무엇이겠습니까? 가장 진리스럽다고 말할 수 있는 것이 무엇이겠습니까?"라고. 그리고 '삶!' 이라고 답하도록 유도한다. 삶이라고!

2008년 2월 18일

출가 인연

요즈음 나는 마음이 한결 편안하고 여유 있게 느껴진다. 아마 나이 탓도 있겠고, 깐엔 나름대로 요모조모 노력한 한 작은 결실인 듯하다.

내가 지금 죽어간다고 할 때에, 이 세상에 남은 분들의 행복한 삶에 보탬이 될 수 있는 진정한 기도의 제목이 무엇일까 생각해 본다. 누군가가, 이 세상에 유산으로 남길 만한 말 몇 마디를 전해 달라는 요청을 받았을 때에 무슨 말을 남길 수 있을 것인가 생각해 본다.

이런 생각이 든다는 것은 내가 이 세상에 빚을 많이 진 것만큼의 세월을 살았다는 뜻이다. 나이값이다. 혹여 죽음이 목전에 닿아 있

는 것이 무의식중에 느껴지기라도 한 듯한 조용한 절박감이 밀려 온다. 내가 이 세상에 태어나 지금껏 함께해준 세상 은혜에 대한 보은의 마음으로 신실한 기도를 바치고 싶다. 하늘에 부끄럽지 않는 기도를, 하늘이 감동할 마음을 바치고 싶다.

스물여덟 해 전 내가 입산 출가를 결정하고자 할 때에 얼마나 승(僧)이 되고 싶었고, 승이 되어야 하는지가 절실했던지 집에서부터 아예 혼자서 스스로의 머리를 삭발하고 승복을 만들어 놓고 밤이면 모자를 벗고서는 삭발머리와 승복차림의 자신의 모습을 거울에 비춰 보고 좋아하며 참선을 즐기던 나였다.

그러한 나에게 마지막까지 마음을 붙드는 것이 있었다. 노점 새우젓 장사를 하여 자식 8남매를 기르시고, 자식의 일이라 하면 물불을 가리지 않으시며 절대 희생의 삶을 보여 주신 한 많은 어머니의 거룩한 정성에 대한 보상, 보은의 절실함 때문에 그 어머니를 가장 복되고 기쁘게 해 드리는 것이 내 삶의 목적이었기에, 어머니께서 서운해 하시고 아파하신다면 내가 그렇게 출가수행자가 되고 싶다 한들 어머니를 편안하게 하고 호강시켜 드리는 것이 금생의 나의 효의 길이라 생각하며 내 수행의 길에 대한 포부를 양보해야 한다고 자신을 다독거리며 고민하고 있던 중이었다.

이 때 나에게 큰 은혜가 내려졌다. 섬광과 같은 지혜의 검이 뇌리를 치고 지나가는 것이었다. "어머니를 진실로 위하는 길이 무엇인가 봐라! 무엇이 제대로의 효가 될지 봐라!"는 질문이었다. 그리고는 촌각도 주저함 없이 따라오는 답이 있었으니, "어머니의 마음이 제대로 평온해지시고 어머니께서 고해의 윤회에서 벗어나시도록 내가 조금이라도 도울 수 있다면 그것이야말로 어머니께 가장 큰 효가 될 수 있을 것이다. 그리고 어머니를 가장 기쁘게 해 드리는 일은 나 스스로가 가장 완전(안전)하게 행복해지는 것이다. 그러기 위해서는 내가 수행을 하여 지혜를 밝히고, 업장을 순화하여 탐진치의 휘둘림에서 벗어나 마음이 영원한 해탈을 얻고 커다란 인격이 되어야 한다."는 확신의 생각이었다. 그 믿음으로서 나는 마치 극락세계의 상급학교에 유학을 가듯 자랑스럽고 희망차게 집을 떠나 입산해 왔던 것이다.

입산 출가를 하여 수행이란다고 깐엔 애써도 생각만큼 얼른얼른 마음이 순화되어 가는 것도 아니었고 인격이 불쑥 성숙되어 가는 것도 아니었으나, 한 세월 동안 내 수행의 길에 힘을 가하게 하는 매서운 채찍 하나가 '내 어머니를 위하여서라도!' 였었다. 그것이 나는 참 좋았고, 어머니께 다소라도 효도를 하고 있는 듯 늘 기뻤다.

지금 지난 그때와 같은 절실한 마음으로 세상 은혜에 보은코자 하고, 지난 그때와 같은 확신의 생각으로 유산을 남기고자 한다. 유산이란, 자신이 남기고 가는 정말 소중하게 여기는 재산을 말한다. 지금까지 일구어 온 나의 재산을 공개한다.

1. '아무것도 안 하기'의 체험이다. 그냥 존재하기, 그것이 얼마나 평온하고 떳떳한 삶인지, 그래서 얼마나 소중하고 가치 높은 삶인지 깊게 안 것이다. 시비의 취사를 내려놓고, 그냥 호흡만 하면서 담박하게 존재하기! 그냥 숨만 쉬면서, 숨을 쉬고 있다는 것도 개의치 아니하고, 아무 생각 없이, 생각이 없다는 것에도 무념하게, 아무 욕구도 일으키지 아니하고, 오직 깨어 있는 의식을 의식하며 있을 수 있다는 것! 그러면서 단지 감각되는 대로 감각만 하면서 일체 판단분별 않고 지긋이 경험하고 있는 것! 그것이 얼마나 좋은지……!

세상 모든 것을 다 잃는다 하여도 그 모든 상실을 다 보상하고도 남는 재산이 그 안에 있다는 것을 아는 것이다. 지고한 만족감, 지극한 평온함, 아무 일 없음[無爲]의 고요가 거기 있음을 확연히 알고, 더 이상 내가 구할 것이 없어도 된다는 믿음을 가졌다는 것이다.

이 체험의 은혜가 얼마나 큰지 그저 눈물이 나오며 절로 기도가 되는 것에 감사, 감사할 따름이다. 나의 재산 1호이다. 내 삶의 보람 1호이다.

2. 무조건 마음이 밝아야 한다는 생각이다. 그래야 운세가 열린다는 믿음이다. 아무리 악조건에 처해질지라도 그럴수록 더욱 마음을 밝게 가지도록 하여야 한다는, 행복해지기 위해서는, 제복(諸福)이 오게 하기 위해서는 꼭 그렇게 해야 한다는 절박한 깨달음이다. 그렇게 되기 위해서는 지족을 알아야…… 지족을!!! 어떤 상황일지라

도 지족할 거리는 있을 것인즉, 지족에 눈을 떠야!!! 그것은 선택사항
이 아니라 필수사항이라는 생각이다. 필수과제!

3. 인과율을 삶의 기초철학으로 갖게 된 점이다. 나는 인과법칙을
절대신으로 섬긴다. 궂은 일을 당할 때에는 내가 그렇게 지은 것이
다, 내 덕이 부족해서다고 생각하며 무조건 참회하고 수용할 일로
받아들이기로 한다. 그래야 자신의 마음이 다스려지고, 덕을 쌓는
길이 되기도 하며, 복이 오는 씨앗을 심는 일도 된다고 믿는다. 기쁜
일이 있을 때에는 세상 덕택이라고 생각하고 그저 감사할 때에 하늘
이 미소 지으며, 더 푸짐한 은혜가 따른다고 믿는다.

4. 모든 순간에 정성스럽고, 성실히 살아가면 반드시 하늘의 응답
이 있으리라는 믿음을 갖는다. 사특함 없이, 성글고 게으름 없이, 결
과를 서둘러 보채지도 않으면, 때에 이르러 천지우주의 중중연기의
메아리가 꼭 있다는 믿음이다.

5. 이기심과 개인주의에서 벗어날 일이다. 그것이 복된 마음의
기초일 것이리라는 신념으로 산다. 사람이면 누구나 다 복을 구하
고 있을 터, 그 어떤 종류의 복이 되든지 복되게 살기를 원하지 않
는가! 〈법성게〉 가운데 '우보익생만허공 중생수기득이익(雨寶益生
滿虛空 衆生隨器得利益)' 이라는 구절이 있다. 내가 참 좋아하고 굳

게 믿는 한 말씀이다. 그 그릇의 크기를 가늠하는 기초 기준이 곧 그 사람의 모든 행위의 목적이 어디에 있는가 하는 것이라고 나는 해설한다.

6. 베풂의 비밀을 믿는 것이다. 내가 가진 것 무엇이라도 나눌 수 있을 때 이미 마음의 넉넉함이 형성된다. 아무리 가진 것이 없다 할지라도 베풀 것이 있을 것이니 살펴보고 베풀어야 한다는 생각이다. 그것이 세상을 따습게 할 뿐더러 만복의 씨앗이 될 것이다. 적은 물질이든, 짧은 시간이든, 작은 봉사든, 따사로운 말 한 마디이든, 지혜의 말씀이든, 베풀며 살고자 할 때에 이미 복의 여신이 응답하고 있다는 믿음을 갖는다.

7. '모든 것이 다 무상하고, 그러면서도 모든 것이 다 의미가 있으니 기꺼이 인내하며 최선을 다하고서는 세월에 맡겨라. 진인사대천명(盡人事待天命)이라!' 하며 하늘의 심판에 대한 경외심을 갖는다. 사람의 머리에 동의를 구하려 하거나 사람의 가슴에 공감 받으려 하기보다는, 저 하늘의 머리와 가슴을 언덕으로 삼고 하늘마음에 부합했나를 점검해 보는 것으로 자신의 삶을 다스려 가는 것이 힘이 되고 안전한 삶을 꾸려갈 수 있다는 신념이 있다.

내가 살아오면서 타고 온 수많은 신념의 수레가 있을 것이나 지

금 죽음처럼 고요히 나의 깊숙이에서 자기 공감이 되는 자등명적
(自燈明的) 신념의 재산을 꼽아 보니, 정녕 이 세상 사람들의 행복
을 기원하는 간절한 맘으로 정리해 보니 이 일곱 가지가 명징하게
들려진다.

　남은 생을 다 마치도록 적어도 이 일곱 가지의 가치관에는 최선을
다할 것이며, 이 일곱 가지의 덕목이 세상의 민도로 깊숙이 정착되
어 가도록 정성스럽게 기도 바치리라 생각하니 세상 은혜에 대한 보
은이 다소라도 되는 듯 떳떳해지는 마음이다. 좋다.

2007년 3월 20일

* 동사섭 문화가 27년의 유랑 생활을 접고 자체 연수원[동사섭 문화센터]을 창건하여 개원 기념
식을 며칠 앞두고 있는 한 날, 조용히 자신의 내면세계를 더듬으며 정리해 본 글입니다. 이 글을
읽는 분들에게 진심으로 행복을 기원하며, 이 글에 실려 있는 저의 굳고 낮은 마음이 여러분들
의 삶 속에 작은 에너지를 보태는 기회가 되었으면 하는 눈물어린 마음으로 이 글을 썼습니다.
읽어 주셔서 감사합니다.

삶과 가치관

우리가 살아 존재하고 있음을 규명할 수 있는 오직 하나의 단서가 있다면
바로 우리에게 순간순간의 삶이 있는 것이다. 지금 이 순간의 삶을 배제하고서는
그 어떤 희망도, 꿈도, 이상적 초월도 다 헛된 노래에 불과하다.

사람은 세상에 태어나서 죽을 때까지 끊임없이 이런저런 행위를
하다가 간다. 보고, 듣고, 욕구하고, 생각하고, 말하고, 행동하고, 느
끼고, 또 보고 듣고 욕구하고 생각하고 말하고 행동하고 느끼기를
하염없이 해 간다. 그 가운데 사랑하고 미워하고 기뻐하고 고통해
하는 행위들도 있게 마련이다. 이를 한마디로 '삶'이라고 한다, 삶!

순간순간의 삶, 이 삶이야말로 우리가 가장 소중하게 여겨야 할
가치요, 유일하게 여겨야 할 현찰의 재산일 것이다. 순간순간의 이
삶에 대한 서늘한 눈뜸과 진정한 애정을 가질 필요성에 대한 강조는
아무리 하여도 지나침이 없을 것이다. 우리가 살아 존재하고 있음을

규명할 수 있는 오직 하나의 단서가 되는 것이 있다면 바로 우리의 순간순간의 삶이기 때문이다. 우리가 어딘가로 고양해 가고자 한다면, 그곳이 저 지고한 성역이라한들 지금 이 순간의 호흡과 눈빛과 손짓 발짓 가슴의 떨림을 떠나서는 논할 수 없기 때문이다.

그 삶의 모양이 비록 욕심과 다툼과 고통과 지침으로 얼룩져 보이더라도 그것이 바로 그 사람의 생존의 증거요, 살아온 노고의 결과며, 살아갈 미래 삶의 근거요 자산이기에 무조건 귀하고 소중하다 아니할 수 없다. 땅에서 넘어진 자 땅을 짚고 일어서라는 말이 있지 않는가? 지금 이 순간의 삶을 배제하고서는 그 어떤 희망도, 꿈도, 이상적 초월도 다 헛된 노래에 불과하리라.

우리가 순간순간의 삶에 대해 신선하고 생생한 인식을 간과하고 막연한 매너리즘에 젖어 있지는 않는지, 좀 깨어 있다고 할 때에도 습관적 집착에 사로잡혀 그저 막막한 치달음으로 후달리고 있지는 않는지 살펴볼 필요가 있다.

동사섭 문화에서는 이 삶에 대한 바른 각성과 애정을 일깨워주고자 애쓴다. 바로 이 순간의 모든 삶에 대해 신선한 눈으로 바라보고 각별한 애정으로 대해질 때에, 현재의 자신의 삶을 온전히 수용하게 될 것이며 이 삶을 진정 잘 가꾸어 가고 싶은 열정이 더해질 것이다. 자신의 삶을 최고의 삶으로 다듬고 싶어질 것이다.

세상에는 우리네 삶의 질을 높여 가게 하는 많은 문화적 도구들이

있다. 학문, 예술, 종교, 도학(道學), 봉사, 학교, 각종 취미활동, 서클활동 등. 이러한 문화들을 잘 활용하여 보다 질 높은 삶을 일구어 가는 것이 또한 우리 인생의 목표가 아니겠는가?

삶의 질을 높이기 위해 여러 수단들을 잘 활용하고자 할 때에 그 효율적 활용을 돕는 것이 아마도 '가치관' 일 것이다. 그 사람이 무엇을 더 우선적 가치로 여기고 있느냐가 삶의 모습으로 드러날 것이 분명하다.

가치관은 영사물을 빚어내는 필름에 비유된다. 고로 살아내고자 하는 삶을 위한 정교한 가치관 정립이 요해진다. 좋은 영사물을 위한 좋은 필름의 교정과 같은 이치이다.

동사섭 문화에서 권장하는 하나의 좋은 가치관 체계로서 다섯 가지의 삶의 원리가 있다. 정체, 대원, 수심, 화합, 작선이 그것으로서 '삶의 5대 원리' 라 부른다.

가치관을 영접함에 있어서 우리가 꼭 경계해야 할 일이 하나 있다. 가치관에 대한 집착과 독선이다. 우리는 자칫 이 순간 이 모습의 삶을 간과하고, 저 순간 저 모습의 삶을 꿈꾸며 살아간다. 이루고 싶은 삶에 집착하여 현재의 삶을 과소평가하거나 무시하는 듯이 되기 일쑤이다.

나 역시 과거 어느 한 세월 동안 그렇게 살아왔다. 자신과 타인의 부족하게 여겨지는 현재의 삶을 안타까워하며 소외시켜 왔다. 그러면서 그것을 잘 살고 있는 것이라 자부했다. 그리고 또 자신의 가치관을 타인의 것에 비하여 더 우위에 두는 습관으로 교만과 전쟁을 불러오는 우를 범하기 쉽다. 가치관 집착, 가치관 독선이다.

삶에 대한 바른 이해와 의미 각성은 삶에 대한 근본적 태도 전환을 줄 것이라 믿는다. 나와 타인의 그 어떤 삶이 될지라도 그것에 대하여 소중히 여기고 존중하며, 그곳에 고통이 있다면 자비로이 이고 득락을 기원하고, 그 순간의 삶이 갖는 의미를 신앙하며 겸손할 일, 그러면서 보다 고양해 갈 것을 스스로 결의하고 타인을 위해서도 기도해 줄 일, 그것이 우리가 할 수 있고 해야 할 일의 전부일 것이라는 깨달음과 결심을 거듭 다지곤 한다.

나아가서 정신 차리고 모든 생각 다 내려놓고 오직 깨어 있는 의식으로만 있어본 자라면, 불현듯 한 생각으로 빚어지는 모든 삶의 현장이 온전한 묘유(妙有)의 세계임을 알 것인즉 그 어떤 삶인들 단지 바라보기만 하게 되려니, 그 어디에 집착과 독선이 붙을 자리가 있을꼬! 허나 그 도리를 알고도 여습이 있는지라 또한 더러더러 실족을 하게 되니 거듭 눈을 비비며 깨어 있어야 하리!

문득 느껴 보니 완연한 봄볕이다. 마음 또한 한결 따스해지는 듯 좋다.

2007년 2월 22일

믿음이 주는 평온함

사람들은 죽음에 대해 깊은 두려움과 큰 저항을 갖고 있다.
죽음이 무엇인지 확실한 앎이 부족한 데서 오는 막연한 불안이다.
그 죽음을 '하늘의 부르심'이라는 믿음으로 평온하게 기쁨으로까지 받아들일 수 있다는 것은
얼마나 멋지고 아름다운 일인가.

소천(召天)이라는 말이 있다. 하늘의 부름, 하늘에서 부름 등의 뜻으로 사전에는 나오지 않는 말이지만 특정 종교에서 죽음을 의미한다. 누가 제일 먼저 이 말을 쓰게 되었는지 모르겠지만 이 말이 나는 은은하게 좋다.

대체로 사람들은 죽음에 대하여 깊은 두려움과 큰 저항을 갖고 있는 듯하다. 죽음이라는 것에 대한 확실한 앎이 부족한 데서 오는 막연한 불안일 수도 있고, 죽음에 대한 나름의 신념이 부정적으로 인식되어 있어서일 수도 있겠고, 생에 대한 무조건적인 긍정부여와 집착에서 오는 심리일 수 있다.

그 죽음을 '하늘의 부르심' 이라는 믿음으로 기꺼이, 평온하게, 기쁨으로까지 받아들일 수 있다는 것은 그 얼마나 멋지고 다행한 일이며, 아름다운 일인가! 주변인들 가운데서 "아무개님께서 소천하셨습니다."라는 소식을 들을 때면, "아무개님이 돌아가셨습니다." 라는 말보다 마음이 한결 더 푸근하고 평화로우며, 잔잔한 미소가 지어지며 축복의 합장을 올리게 되곤 한다. 그분의 하늘이 부르셨다니 필시 이곳보다는 더 평온한 곳일 거라는 믿음이 내 안에도 깊게 자리하고 있는 것을 본다. 그 믿음이 참 좋다.

내가 몸담고 있는 동사섭 수련회에서도 죽음을 평온하고 자유롭게 수용하게 하는 명상법이 있다. 더 엄정하게 말하여서는 죽음이라는 과제 앞에 놓였을 때에 평온하고 자유롭게 죽지 못하게 하는 이

유들이 선명하게 잡힐 것인즉, 그것들로부터 자유로워지도록 마음 다루기를 하게 하는, 그리하여 살아 있을 동안에도 그것들에 매이지 않는 마음을 다듬어 가게 하는 명상 안내이다. 마음속의 집착하는 것들을 놓아 가게 하는 명상이라고 여기면 된다.

그런데 그 명상에 몰입하다 보면 실감적으로 몰입해 가는 정도만큼 정말 지금 죽음이 코앞에 다가온 듯 느껴지게 되는데, 많은 사람들이 진지하고 엄숙하게 눈물을 흘리며 자신 안의 사슬들을 끊기 위해 분투한다. 늘 느끼는 것이지만 그 광경들이란 참으로 보기에 좋고 숙연하다.

지금으로부터 약 10년쯤 전의 일이다. 수련회에 오신 40대 중반의 한 부인의 일화이다. 부인은 고운 자태를 지닌 가톨릭 교도이셨다. 죽음명상 시간에 유난히 많은 눈물을 흘리시더니, 끝내 죽음명상을 뚫어내지 못했다며 못내 아쉬워했다. 그러나 그 시간을 통하여 자신에게 있는 귀하디귀한 보배를 다시 확인하게 된 의미가 있었고, 그 보배를 보기 위해 얼른 집에 가고 싶다며 고운 응석을 했던 분이시다.

그 보배인즉슨 그분의 따님이었다. 결혼하여 오랫동안 무슨 이유로 남편과 사이가 덜 좋아 각방을 쓰던 중 화해의 밤을 지냈는데 이쁜 따님을 낳게 되었고, 그 따님의 나이는 그때 초등학교 2학년이었다. 그 초롱초롱한 눈망울의 따님을 두고 죽을 수가 없었다 하고, 그 이쁜 따님에 대한 사랑이 자신의 엄청난 족쇄라는 것도 확인했다며 또한 마음 공부인다운 서늘한 고백도 나누어 주셨다.

그 부인이 집에 가서 명상 체험담을 가족과 나누면서, "딸아, 우리 딸아, 너 때문에 엄마가 죽을 수 없었단다. 우리 딸!" 하고 부르면서 따님을 가슴에 꼭 껴안고 또 뜨거운 눈물을 흘리고 있던 중 그 따님의 한 마디 말, "엄마, 죽으면 우리는 천국을 가잖아. 하나님 곁으로 가는데 왜 싫어? 왜 울어?"

아이의 말이 얼마나 맑고 또록또록했던지, 또 얼마나 확신에 차 있었던지 엄마도 흠칫 놀랐다 한다. 그리고 많이 부끄러웠다고 전해 주셨다. 어린 아이의 마음이라야 천국에 이를 수 있다 하신 그 말씀을 다시금 실감케 하는 말이었다. "우리가 그 아이보다 믿음이 작고 낮습니다 그려!" 하며 옹골진 웃음을 나누어 가졌던 터였다.

그러고 난 후 얼마지 않아서 그 이쁜 따님을 하나님께서 부르셨다. 우리들의 초롱초롱한 눈망울의 그 아이가 교통사고로 명을 달리한 것이었다.

저 하늘을 올려다보며 야속타 하기에는 아이의 야무진 말이 떠올라 감히 숨도 제대로 쉬지 못하며 비통해 하던 그 여인이 아직도 눈에 선하며 아프다. 그러나 나는 확신한다. 그 아이는 자신의 믿음대로 하늘나라에 갔을 것이라고, 꼭 그랬을 것이라고! 그럴 때에 '그 아이는 소천했다.' 고 말해야 한다고 나는 믿는다.

이러한 믿음이 얼마나 뜨겁게 감사하고 평온한지, 펑펑 울고 싶도록 아름다운 믿음이 아닐 수 없다. 오늘 다시 그 아이의 천국살이에 대한 군건한 믿음으로 나는 미소 지으며, 내 천국을 점검한다. 내가 이승을 떠날 때에는 무엇이 될까에 대한 나의 믿음을 더듬어 본다.

내 어머니께서는 올해 세수 90이시다. 이제 가족들 모두 그분의 가심을 확실히 예견하고 마음 준비를 하고 있으며, 마지막 순간까지 최선을 다하여 정성껏 모시고 있다. 부모님은 아무리 연세가 많이 되셨다 하여도 정녕 가신다고 생각할 적에는 못내 서운하다. 내 아버님이 가실 때에도 그러하였고, 어머니 가시려 하는 지금도 그러하다.

그분은 또 그분의 신념대로, 그분의 믿음대로 경험하실 것이다. 어머니께서는 불교인으로서, 이 생의 인연을 다하고서는 다시 환생하신다는 믿음을 가지고 계신다. "다음 생에 나는 대장부로 태어나서, 주변인들을 많이 도우며 좋은 일 많이많이 하고 살고 싶어. 꼭 그리 될 거야!"는 것이 내 어머니의 오롯한 염원이시다.

그 아이는 그 아이의 믿음대로 소천되어 하늘을 지키는 천사가 되어 있을 것이며, 내 어머니는 내 어머니의 믿음대로 꼭 그리 되실 것이리라. 이러한 우직하고 천진한 내 믿음이 참 좋다.

죽음뿐만이 아니라 살아 있을 적의 모든 것들에 대하여서도, 자신

을 평온하게 하고 기쁘게 하는 신념[믿음] 관리가 필요하리라. 우리
네 삶의 모든 순간들의 행복을 위하여!

　여기저기서 봄기운이 느껴져 온다. 나무에 물오르는 소리 보이는
듯, 멀리 아지랑이 가물거리는 기운 만져질 듯, 봄의 향연이 은근하
다. 낮에는 읍내 꽃집에 들러 호접란 두 화분을 사서 불단에 공양하
고 종내 흐뭇하다. 모든 분들의 가슴에 환한 봄꽃이 피길 빈다.

2008년 2월의 마지막 날

부모님 명상

사람의 복을 부르는 많은 조건 가운데서도 사람에 대한
존중과 감사와 섬김의 덕성은 만복의 근본이다.

사람이 살아가는 데 있어서 사람의 격을 높여 주면서 사람을 행복하게도 만드는, 그래서 애써 지향해 봄직한 많은 덕성들이 있다. '감사', '존중', '섬김' 등이 그 한 예들이다.

감사, 존중, 섬김의 덕성에 대하여서는 그 가치성 및 필요성을 아무리 강조하여도 지나침이 없을 것이라 사료된다. 이 세상 모두가 행복해지기를 기원하는 진심어린 마음으로 이 글을 쓴다. 그리고 자신에게도 날카로운 자성의 채찍을 가하며 통회하는 마음으로 이 글을 세상에 바친다.

　우리가 존중하고, 감사하며, 섬기는 마음을 가져야 할 대상이 어디 정해져 있으리요마는 우선 사람에게 그리 할 수 있고, 또 모든 사람들에게 그러한 마음을 가질 수 있다면 그지없는 복이 아닐 수 없다. 그 모습이 아름다워 만인의 향할 바가 될 것이요, 그 대상이 되는 사람에게는 은은한 힘을 실어 주는 일이 되어 좋은 베풂이 될 것이요, 무엇보다도 스스로 그러한 마음이 될 때에 기쁘고 평화로울 것이다.

　또한 사람의 성숙을 가늠하는 척도로서 사람을 얼마나 존중하며, 감사하며, 섬기는 자세로 살아가고 있는가가 좋은 점검 포인트가 될 것이다. 욕심과 편견과 오만이 사라진 정도만큼 지혜와 자비와 겸손의 미덕이 축적될 것이요, 지혜롭고 겸손한 눈으로 볼 때에 감사한 것이 많을 것이요, 자비와 겸손의 마음이라야 존중과 섬김의 자태가 자연스러우리라 믿어지기 때문이다. 사람의 복을 부르는 많은 조건들이 있겠지만, 사람에 대하여 존중과 감사와 섬김의 덕성이 만복의 근본이지 않을까도 생각해 본다.

　우리가 사람을 존중하고 감사하며 섬기는 마음으로 살아가고자 할 때에 가장 먼저 우리들의 부모님에 대한 마음을 점검해 볼 필요가 있다. 우리가 이 세상으로 올 때에 아버지의 피를 받고 어머니의 몸을 빌어서 사람의 생명을 부여받았다. 그리하여 그분들의 갖갖 노고를 통하여 삶의 기초가 마련된 것이다. 생의 모태가 되고 삶[生活]

의 주춧돌이 되어 주신 우리의 부모님이 아니신가!

생명은 그 누구도 감히 가볍게 판단하고 재단할 수 없는 절대 성역의 신비이다. 부모님은 그 생명을 인연하게 해 주신 분들이시다.

또한 그 부모가 그 어떤 불리한 상황에 있어서 불만족한 듯한 배려를 하셨을지라도 우리의 삶의 기초 마련을 해 주신 분들이시다. 생명의 절대존귀에 눈을 뜨고, 삶의 절대가치에 마음이 열린다면 우리의 생과 삶의 근원이 되어 주신 부모님들께의 마음은 단연 절대감사와 절대존중, 절대섬김의 자세가 되지 않을까?

나아가서 우리가 성장해 오는 동안 당신들 나름대로는 얼마나 많은 노고가 계셨던가? 이루 말할 수 없는 수고로움을 기꺼이 감당하시면서도 생색과 보상을 기대하지 않는 무조건적인 공양의 마음으로서 '자식에 대한 부모의 마음'을 따를 수가 있을까! 이 부모님에 대한 감사와 존중과 섬김은 너무도 당연한 보은의 길이기도 하려니와 자신의 생과 삶에 대한 귀한 대접이 될 것이다.

지금으로부터 약 25년 전의 일이었다. 대구에 있는 '광명회'에 갔었다. 그곳은 사람이 갖는 모든 질병과 재앙은 천지만물에 대한 감사와 존중감이 부족하고 원망과 미움을 갖는 데서 비롯한다는 사상을 가지고, 천지만물에 감사하며 화해하기를 수행의 기초로 삼으며 심성수련을 안내하는 문화단체이다. 특히 부모에 대하여서는 무조건적인 감사와 섬김을 가져야 한다고 가르치며, 모든 내담자들에게 '아버지 감사합니다, 어머니 감사합니다.'를 낮과 밤을 새우며 외치게 하여 병환도 고치고 가정의 우환도 걷어내는 여러 기적들이 있다 하여 그 기본사상이 좋아서 방문을 하였던 것이다.

한진고속 4층에 자리한 수련장에 내가 도착했을 때에는 오전 10시 즈음이었다. 그때 한 청년이 오랜 관절염으로 고생이 깊어져 더 이상 어찌할 도리가 없다며 치료의 마지막 기회로 그곳을 찾았다. 두 사람의 손에 부축을 받고 겨우 걸음을 내딛을 정도였으며 얼굴은 고통으로 찌들어 험악했다. 지금은 작고하시고 안 계신 그곳의 회장님께서 보시자마자 당장 하시는 말씀, "당신은 마음속에 원망이 너무 많아! 부모에 대한 원망으로 가득 차 있어. 부모에게 감사해야 그 다리 나을 수 있어! '아버지 감사합니다.'만 오롯이 해!"

그때엔 내 나이도 아주 젊은 때인지라 상당히 우호적이고 긍정적인 마음으로 그곳을 갔었지만 그 회장님의 너무도 단호하고 단정적인 말씀에는 다소 거부감이 들었다. 한편 얼마나 확신에 차고 애정 어린 어조였던지 호기심과 긴장감도 들었었다. 물론 청년의 반발심도 대단했다. 그런데 청년의 "아버지, 감사합니다."는 시작되었고 그 초기에는 악을 고래고래 지르며 내뱉는 "아버지, 감사합니다."에는 듣는 사람도 소름이 돋게 하는 분노와 미움이 가득했다.

시간이 지날수록 청년의 소리에는 악기가 가셔지고 차츰 안정이 왔으며 얼마간의 시간이 흘렀을 때에는 막 흐느껴 울더니 급기야 통곡을 하며 울어댔다. 그런데 통곡 속의 "아버지, 아버지, 감사합니다, 감사합니다!"에는 더 이상 분노도 미움도 없었으며, 사죄하는 듯한 마음과 뜨거운 사랑이 느껴졌고 맑고 밝은 에너지가 배어 나왔다.

나는 처음부터 나의 감사수행도 잠시 보류한 채 유심히 지켜볼 정도로 관심을 가졌던 분인지라 한결 더 섬세하게 느낌들을 전달받을 수 있었던 것 같다. 나는 말할 것도 없고 그 강당에 함께하던 모든 분들이 청년의 마음 파장을 전달받고는 울었다. 모두 소리 내어 울면서도 부끄러움도 모르고 함께했다. 아마 대리만족도 있었을 것이고, 변화파동의 역동적 장력의 효과도 있었을 것이며, 한 인간의 극적인 긍정적 변화에 대한 깊은 감동의 반응들이었을 것이다.

점심 먹는 것도 잊은 채 계속하여 감사정진을 한 그 청년이 벌떡 일어나 걸을 때는 오후 세 시 즈음이었다. 부축을 받아서 겨우 걸음을 떼던 청년이 일어나 걸으면서 울며 '아버지 감사합니다. 미안합니다. 사랑합니다.'를 외치며 강당의 이쪽저쪽을 왔다 갔다 하는데 모두 놀랍고 놀라워 입을 다물 수가 없었다. 강당 안이 박수와 울음 바다가 되었다. 기적이 일어난 것이었다. 아니 감사와 화해의 원리가 증명되는 자연스러운 광경일 것이었다. 내 평생 잊을 수 없는 큰 감동이었으며, 사람이 참으로 경이롭고 위대함을 신뢰할 수 있는 좋은 체험이었다.

그 이후 나는 우리들의 심리 속의 부모님에 대한 생각 체계와 감정 체계에 대하여 나름대로 연구와 명상을 깊게 해 왔다. 그리고 오랜 세월 동안 상담일을 하면서 많은 사람들의 심리저변을 다소 밀접하게 만나오면서 상담요청을 해 오는 사람들의 상당수가 부모에 대한 생각 체계가 왜곡되어 있다는 점을 알게 되었다. 부모에 대한 서운함, 미움, 원망, 부끄러움, 하시, 애매한 거리감, 연민, 불쌍하게 여김 등의 부정적인 생각과 느낌을 갖고 있었다. 그러한 마음이 현재의 삶에 어떻게 작용하고 있는가 하는 그 인과에 대하여 조금씩 알게 되었다.

생과 삶의 뿌리라는 점은 차제하고라도, 그분들은 우리가 이 세상에 와서 처음 만난 사람들이요, 가족들과의 생활은 우리의 첫 사회생활이다. 그곳[가정 : 가족과의 관계]에서 형성된 사람과 세상과 삶에 대한 생각과 감정 체계가 평생을 따라붙는다고 해도 과언이 아니다.

일들이 잘 풀리지 않는 현실 속에 있거든 부모님에 대한 자신의 생각과 감정 체계를 잘 살펴보고 부모님과 조상님들께 감사와 사랑을 보내며 무조건 섬기고, 그 부모님과 조상님들을 위한 기도봉헌을 할 필요가 있다. 부모님과 또 조상님들께 감사하고 존중하며 섬기는 마음이 된다는 것, 그리고 부모님과 조상님들을 위하여 봉헌 기도를 올린다는 것은 하면 할수록 좋은 일이라 여겨지지 않은가!

이 글을 쓰기 위한 명상 중에 불가(佛家)에서 애독되고 있는《부모은중경(父母恩重經)》을 목욕재계하고 다시 봉독하며 얼마나 가슴을 적셨는지! 아버님의 묘소를 찾아가 감사 인사를 올리고 손수 낫을 들고 산소의 벌초를 하며 또한 얼마나 가슴이 따사로워졌는지! "아버지, 감사합니다. 어머니, 감사합니다. 그리고 두 분, 사랑하고 존경합니다."를 염불처럼 되뇌며 참으로 부자가 된 듯 뿌듯했다.

동사섭 문화에서도 지족(知足 : 감사)의 덕성을 매우 강조한다. 지족 바탕 위에서 제반 구현을 해 가도록 한다. 지족만으로도 행·불행의 99%를 좌우한다는 가치관을 가지고 지족 10차원 명상을 안내하며, 그 가운데 부모 및 조상에 대한 각근한 감사를 하도록 한다.

이 글을 읽는 모든 분들의 부모님께 감사드립니다. 그분들의 평온하심과 복덕을 기원합니다. 이 글을 읽는 모든 분들이 또한 그 어떤 분들의 부모 되심에 감사와 축복의 마음을 바칩니다.

2007년 6월의 마지막 날

수행자의 양심

수행자는 늘 '엄정한 자기 점검'을 해야 한다.
얼마나 열심히 하고 있는가, 얼마나 제대로 하고 있는가, 얼마나 변화되어
가고 있는가에 대한 투철한 자기 점검이 필요하다.

또 가을이다.

하늘이 그지없이 높고 푸르다. 한낱 티도 없는 듯한 이 맑음이 참으로 좋다. 가을하늘은 업경대 같다. 눈 밝은 선지식의 푸른 눈 속 같다. 이 하늘 아래 서면, 내 무의식까지의 심경을 다 비추어 내는 듯한 두려움이 있다. 이 두려움이 나는 좋다. 이 두려움은 나로 하여금 또 한 번의 맑은 참회록과 양심선언을 읊조리게 한다. 가만히 무릎을 꿇고 수행자의 양심, 동사섭인의 양심을 다시 점검하며 마음을 다진다.

사람으로 나서 한 전문 수행자로 입문했다. 수행자로서 나는 무엇

을, 왜, 어떻게 살고 있는가? 4반세기 전쯤의 초심 입문 당시의 그 시퍼런 각오와 모진 의지를 기억한다. 거듭 출가의 마음을 내 본다.

첫째, 수행자는 간절한 원이 있어야 한다고 생각했다. 지향하는 바가 분명해야 하고, 나의 원은 지고한 인격의 완성이라고 결론 내렸다. 그러한 지향 목표 자체만으로도 하늘에 닿는 자부심으로 가슴 골골에서 피어나던 환희를 기억한다. 지금도 그러한가? 지고한 인격에 대한 그리움이 얼마나 사무치게 있는가 묻고 또 묻는다.

둘째, 수행자는 치열한 정진을 요한다. 천 층, 만 층, 구만 층의 업장과 천 고비, 만 고비의 장애들을 고스란히 녹여내기 위해서는 죽도록 열심히 닦아야 한다. 일상에 호리의 틈도 없이 닦아야 할 것이거늘, 얼마나 모름지기 정진해 왔는가? 부끄럽기 짝이 없다.

셋째, 수행자는 엄정한 점검을 해야 한다. 얼마나 열심히 하고 있는가, 얼마나 제대로 하고 있는가, 얼마나 변화되어 가고 있는가에 대한 투철한 점검이 필요하다. 먼저 자신이 소속되어 있는 교계의 소의경전(所依經典)에 따른 점검이 필요하고, 앞서서 가고 계시는 눈 밝은 선지식의 지도가 필요하고, 스스로 철저한 자등명적 점검이 필요하다. 얼마나 겸손하고 철저한 점검을 거쳐 왔는가? 그간의 게으름과 오만함을 가히 용서할 수가 없다.

넷째, 수행자는 굳건한 믿음을 지녀야 한다. 인간의 본 바탕에 대한 믿음, 인간의 가능성에 대한 믿음이 반석 같아야 한다. 인간이 도달해 갈 그 심원한 경지가, 인간의 본질에 담고 있지 않는다면 어떻게 만들어 갈 수 있을 것인가? 종자가 있어야 그 열매가 있듯이, 속성이 있어야 그곳에 이르지 않겠는가! 나는 그것을 얼마나 탄탄히 믿고 있는가? 믿는 둥 마는 둥, 이 얼치기 지자(智者)가 아닌가? 다시 깊은 속내를 헤집어 봐야 하리!

다섯째, 수행자는 처절한 고독을 수용해야 한다. 힘껏 외로울 것을 각오하여야 한다. 고의적[선택적] 고립감을 즐길 수 있어야 한다. 무소의 뿔처럼 홀로여야 한다. 어느 누구에게도, 어느 무엇에도 의존하지 않아야 한다. 오직 자신과의 정직한 만남과, 자신과의 치열한 투쟁이 있을 뿐, 구질구질한 인연의 끄나풀들을 허용해서는 안 된다. 나는 과연 어떠하였나? 저자 한가운데의 장사치처럼 소란한 인연의 숲에서 살지는 않았는지 반성을 한다.

나는 지금 이 부끄러움이 좋다. 나의 뇌와 혼에 신선한 긴장이 온다. 저 20대, 30대에 깊은 결심을 할 때면 흔히 행하던 두 주먹을 불끈 쥐는 일이랑, 이를 악무는 일이랑은 하지 않지만, 이제 가슴에서는 서늘한 바람이 일고 입가에는 고요한 미소가 지어진다. 이제 깊은 결심을 할 때면 지그시 눈을 감는다. 그리고 무릎을 꿇는다.

거의 4반세기 동안 동사섭 문화에 심신을 담그고 세월을 보냈다. 동사섭의 가치관 아래, 동사섭의 방법론으로 수행을 하며, 동사섭 대중 수련 속에서 긴 대하드라마를 만들어 왔다. 동사섭인으로서의 본이 되고, 동사섭인으로서의 책임감 있는 모습을 만들어 왔나 양심적으로 짚어 본다. 위풍당당한 자화상을 그려 내지는 못하지만, 참으로 애써 온 흔적은 질펀하여 가슴이 뭉클하다.

그러나 어찌 이에 족할 수 있으리오. 동사섭의 길잡이인 5대 원리에 입각한 보다 철저한 점검이 요해진다. 대원정신과 대원관과 대원행의 인격은 어떠한가? 수심의 면밀한 깊이는 어떠하며, 화합과 작선의 자비인격은 어느 정도이며, 스스로 자신의 정체를 앎에 있어 얼마나 확연한가? 남은 생, 내 호흡과도 같은 과제이다. '빙그레' 미소 한 모금으로 삼천대천세계를 다 적시게 되는 그날까지, 닦고 또 닦아 가리라. 삶의 5대 원리를.

삶의 지침이 뚜렷하고,
오롯이 그곳에 전력할 수 있고,
하면 한 만큼의 수확 있음에,
저 지고함이래야,
겨우 코끝에 달린 숨결 아니겠는가!

생활수도의 삼각대

우리는 항상 '일'에만 매달려 해탈과 자비의 가치를 간과하고 있지는 않은지,
'해탈'에만 치중하여 사람과 일에 대해선
너무 무관심하지는 않은지, '자비'를 노래하며 일의 무능력과 공동체의
불이익을 초래하고 있지는 않은지 깨어 있어야 한다.

사람으로 태어나서 한 평생 살아가노라면 깊게 생각해 봄직한 많은 주제들이 있다. 그 중 몇 개의 주제들에 대해서는 나름대로 격물치지하여 자신의 삶을 이끌어 가는 지침으로 삼고들 있다.

나에게도 내 삶을 안내해 가는 몇 개의 지침이 있다. 그 중의 하나가 삶의 모든 상황에 즉하여 추구해 갈 방향으로 자리매김해 놓은, 나의 생활 속에서의 수도 목표이기도 한 삼각대가 있다. 해탈과 자비와 일의 완성이다.

사람이 살아감에 있어서는 늘 해결해 가야 하는 일들이 있다. 또한 어떤 일을 해 감에 있어서 사람이 더불어 있게 마련이다. 이때 그 일이 잘 되게 해 가는 일이 하나의 과제요 목표이려니와, 더불어 있는 사람을 소외시키지 않고 존중하며 섬기는 일이 또 하나의 과제이자 목표요, 일의 주체가 되는 각인의 마음이 '일' 이나 '사람' 으로 인하여 평온이 깨지지 않도록 즉, 일과 사람으로부터 자유로워질 것이 또 다른 하나의 중대한 과제로 삼음 직하다. 다시 말해 여하한 경우에라도 그 경계로부터 자유로워질 것이요, 사람과 연관된 상황이라면 자비의 인격을 길러 가도록 깨어 있을 것이요, 나아가서 그 일의 성취를 위한 노력에 최선을 다할 일이다.

우리가 자칫 과업 성취에 급급하다 보면 스스로 마음의 평정을 잃을 수 있을 뿐만이 아니라 함께 하는 사람이 보이지 않을 수도 있다. 소위 과업 지향적인 삶이다. 우리네 삶 속에서 더러 경험하는 일이다.

자녀교육의 한 예를 들어보아도 좋다. 전자오락 게임을 즐기며 학과공부를 소홀히 하면서 학교성적이 떨어지고 있는 자녀에 대한 부모의 입장에서 우리가 지향해 가 봄직한 과제라면, 우선 그 아이가 학과공부에 재미를 붙여가고 학교성적도 높아져 가도록 잘 안내해야 할 일을 들 수 있을 것이다.

이때 해결해 가야 할 일을 너무 중요하게 여긴 나머지 스스로 마음이 상하고 있지는 않는지, 자녀에 대한 자애로움이 소홀하지는 않는지 살펴볼 일이다. 왜냐하면 스스로 마음이 상해 있거나 자녀에

대한 자애로움이 굳어 있을 경우 일의 성취도 자연히 비능률적이기 쉽기 때문이다.

어쩌면 일의 성취보다도 더 우선적으로 이루어 봄직한 가치가 평온과 자비일 수도 있다. 일체의 경우 화가 나는 근본적 이유는 사실 경계 탓이 아니라 그 경계에 대한 자신의 욕심 때문이라는 것, 우리의 마음은 본래 모든 경계로부터 독립되어 있다는 것은 이미 하나의 상식이 되어 있을 정도로 다 알고 있는 원리이고, 우리의 자녀가 아무리 생활습관이 어긋나 있고 학교성적이 떨어진다손 치더라도 그것이 우리에게 존중받지 못하고 사랑받지 못할 이유가 되어서는 안 되기 때문이다. 이는 가정에서뿐만 아니라 직장에서나 또 다른 어떤 조직에서도, 사람이 모여 사는 모든 곳에서 참으로 중대한 삶의 과제로 여겨진다.

그래서 종교를 비롯한 모든 정신문화에서 해탈과 자비의 덕성을 커다란 기치로 내걸고 인류가 구현해 갈 수행운동으로 펴고 있다. 동사섭 문화에서도 이 두 가지 덕성을 매우 귀하게 여기며, 일[所任] 또한 공동체 행복의 중요 조건이므로 수심·화합·작선 이 세 덕목을 정체·대원과 아울러 '삶의 5대 원리'의 내용으로 하고 있다.

해탈과 자비와 일의 완성이 한 개인과 소속공동체의 행복에 매우 중대한 요소임에는 틀림이 없다. 그러나 그 완벽한 인격을 살아내기란 쉬운 일이 아니어서 부단히 노력해 갈 일이로되, 그 과정에서 몇 가지에 대하여 깨어 있을 필요가 있다. '일'에만 매달려 해탈과 자비의 가치를 간과하고 있지는 않는지, '해탈'에 너무 치중하다가 사람과 일에 무관심하고 있지는 않는지, '자비'를 노래하며 일의 무능력과 무성과를 방치한 나머지 개인과 소속공동체의 불이익을 초래하고 있지는 않는지 말이다.

이 세 가지 덕목을 쌓아가는 과정에서 상황 상황에 무엇을 더 우선적으로 선택할 것인가 하는 것은 개인차가 있을 것이다. 그 개인의 가치관이나 기질이나 혹은 필요에 따를 것이라 본다.

잘 깨어 있게 되면 그 순간에 스스로 무엇을 선택해야 할 것인가를 알 것이다. 무관심에 떨어지지 않으면서 해탈을 선택할 수도 있고, 스스로 해탈도 챙기고 일의 절차와 성과에 깨어 있으면서 자비를 선택하여 살 수도 있고, 안으로 해탈과 자비를 추구해 가면서 일에 적극적으로 참여할 수도 있다면 최상의 노력이 될 것이다.

그러나 아직 해탈도 부족하고 일의 성취도도 낮지만 자비를 선택할 수도 있고, 일에 선택적으로 무관심하면서라도 해탈 인격을 익혀갈 수도 있고, 안으로 해탈과 자비의 인격은 낮지만 일의 차원에서 풀어가야 할 일임을 자각하고 일에 치중할 수도 있다. 다만 우리가 지향해 봄직한 가치의 방향을 잃지 않기를, 스스로 정직한 자기 성찰을 게을리 하지 않기를 바랄 뿐이다. 자신과 소속공동체의 보다 안정된 행복을 위하여.

이렇게 나름의 분명한 지침이 되어 주는 가치관이 있다는 것은 매

우 유익하고 편안하다. 어떤 상황에서라도, 더러 미성숙한 역할이
되었을지라도, 그 가치관에 따라 삶의 방향을 추스르게 되니 말이
다.

　생활 수도의 점검 기준이 되는 이 삼각대, 해탈과 자비와 일의 완
성을 위한 끝없는 정진을 해 가리라 다시 서원한다.

2004년 겨울 문턱에서

깨어 있는 삶

이 세상 모두가 진정 행복하기를 기원한다. 이는 동사섭 문화의 기초 정신이기도 하다. 사단법인 동사섭에서는 '이 세상 모두의 행복'을 위한 정신문화 운동의 일환으로 수련 안내와 수련 후의 지역 후속 모임과 5대 원리를 바탕으로 한 강좌들을 열고 있으며, 다양한 복지 활동 등을 연구 기획하고 있다.

이 세상 모두의 행복을 위한 중대한 조건 하나로 '깨어 있음'에 대하여 고찰해 볼까 한다. 여기에서 깨어 있음이란 정신 차리고 있음을 의미하며, 깨어 있는 삶이란 삶의 모든 순간에 정신 차리고 있는 삶을 말한다.

깨어 있음의 중요성은 아무리 강조하여도 지나침이 없을 것이다. 깨어 있지 않으면 순간순간 새로운 삶을 살기가 어렵다. 깨어 있지 않으면 우리는 자칫 관성에 젖어 살아가게 마련이다. 마침 좋은 습관이 많이 길들여져 있다면 다행한 일이련만, 좋지 못한 습관이 많을 경우 우리가 깨어 있지 않는다면 고양의 길을 기대하기 어려울 것이다. 좋지 못한 습관은 우리를 행복하게 하지 못하는 경우가 많다.

무엇에 깨어 있을 것인가? 삶의 모든 순간에 깨어 있을 일이다. 의식의 전개 과정에 깨어 있을 일이요, 자신의 말[言]에 깨어 있을 일이요, 자신의 행동에 깨어 있을 일이다. 자신의 몸에 깨어 있을 일이요, 자신의 일에 깨어 있을 일이다. 할 수만 있다면 주변의 마음에도, 몸에도, 일에도, 환경에도 깨어 있을 수 있다면 좋으리라.

우리의 의식은 크게 두 영역으로 나눌 수 있다. 한 생각 이전 즉, 개념화 작업을 시작하기 전의 순수의식 상태의 영역과 개념화 세계의 영역이 있다. 스스로 깨어 있어 순수의식을 의식하며 그 상태를 견지할 수 있어야 할 것이다. 왜냐하면 그 상태는 참으로 평온하며 지극히 고요하다. 더없이 행복한 체험이다. 사람으로 태어나서 경험해 봄직한 가장 최고의 행복이 틀림없다.

누구든 그 체험을 하고 있음에도 불구하고 습관적으로 개념화의 세계로 뛰어듦이 초고속화되어 있음에 그 지극한 행복을 간과하고 있다. 순수의식을 의식하며 적정한 해탈의 기쁨을 누리시기를 간절히 기원한다. 동사섭 문화에서는 이 체험을, 연습을 통하여 가능하게 하고 있다는 점이 아마도 영성문화사에 획기적인 은혜가 될 것임을 자부한다.

개념화의 세계로 나갈 양이면 습관적으로가 아니라 의도적으로 개념화 작업에 들어설 수 있도록 깨어 있을 필요가 있다. 개념화의 영역을 몇 단계의 심리 과정으로 정리할 수 있다.

일차적으로 이 세상에 대해 존재 부여를 하는 실체시의 과정이 있다. 실체시에 이어 곧장 가치부여를 하는 가치시가 있다. 가치시는 욕구를 충동질한다. 욕구는 성취를 위한 행동화를 부추긴다. 욕구가 성취되면 기뻐하고, 욕구가 좌절되면 분노한다. 소위 희로애락의 정서 과정이다.

이러한 전 심리 과정에 우리가 면밀히 깨어 있을 수 있다면 우리의 사고와 욕심과 정서와 언행들의 상호 관계성과 자신의 패턴을 직면하는 기회가 될 것이요, 우리를 행복으로 이끌지 않는 우리의 마음과 행위를 다스리고 싶은 의지가 일어날 것이다.

깨어 있어 보자. 모든 것에의 의존을 다 벗어난 순수의식을 의식할 때 오는 고요한 열락에 깨어 있자. 자신의 의식이 전개되어 가는 과정에 깨어 있자. '있구나!' 하고 실체시하고 있음에 깨어 있고, 그

밖의 자신의 일체의 생각들에 깨어 있어 보자. 꼬리에 꼬리를 물고
이어져 가는 습관적 생각들을 하고 있지는 않나, 선택적으로 의도적
으로 생각하고 있나, 자신과 타인을 기쁘게 하는 생각들을 하고 있
나, 자신과 타인을 불유쾌하게 하는 생각들을 하고 있지는 않나 깨
어 있어 보자.

'좋구나, 나쁘구나!' 하고 가치시하고 있음에 깨어 있고, 자신이
얼마나 긍정적으로 생각하고 있나 부정적으로 생각하고 있나 깨어
있자.

'(소유하고) 싶구나!' 하고 욕심내는 과정에 깨어 있자. 반드시 필
요한 것도 아닌데 습관적으로 욕심내고 있지는 않는지, 부당하고 불
합리한 욕심에 휘둘리고 있지는 않는지, 자신과 주변을 괴롭혀 가면
서 욕심을 내고 있지는 않는지 살펴볼 일이다.

그때그때의 자신의 정서[감정]에 깨어 있어 보자. 자신의 정서가
어떻게 일어나고 있는지, 자신의 정서가 밝음이 많은지 그늘이 많은
지 깨어 있을 일이다.

그 욕심과 감정이 언행으로 어떻게 표현 혹은 표출되고 있는지
깨어 있자. 여타의 일체 언행을 살펴보자. 그때그때 적절한 언행을
하고 있는지, 불필요한 언행을 하고 있지는 않는지, 자신과 주변에

고통을 주는 거칠고 이기적인 언행을 하고 있지는 않는지 깨어 있어 보자.

그 정서[감정]가 어디서 왔는지 깨어 있자. 그 욕심과 감정을 어떻게 다루어 갈지 깨어 있어 보자.

나아가서 자신의 몸의 구석구석의 상태에 깨어 있자. 몸의 소리에 귀기울이며 몸이 가장 건강하고 평온하도록 역할을 함에 깨어 있자.

자신에게 주어진 일에 깨어 있자. 자신의 소임에 깨어 있고, 비소임일지라도 자신과 주변을 기쁘게 하는 일이라면 기꺼이 해내고자 함에 깨어 있자. 그리고 할 수만 있다면 주변 사람들과 일과 환경에도 깨어 있어 가자.

이렇게 깨어 있는 생활을 해가다 보면, 분명 우리의 행복도가 높아져 갈 것이다. 의식이 더 살아나고, 마음이 평화롭고 여유로워지고, 언행이 다듬어지고, 주변과 화해가 깊어지고, 일의 창의력도 높아져 갈 것이다.

우주가 아무리 광활하다손 치더라도 그 핵심에 내가 있다. 그 '자신' 의 모든 것에 깨어 있어야 함이란 모든 것에 우선하는 과제일 것이다. 인생의 복잡다단한 모든 행위의 목적이 행복을 위함일진대, 행복의 마스터 키(Master Key)라면 단연 이 '깨어 있음' 이다. 깨어 있지 않고서는 인생의 길이 보이지 않는다.

사람마다 대체로 상당히는 깨어 있다고 본다. 더욱더 철저히 깨어 있으므로 해서 보다 순도 높은 행복을 지향해 가자는 뜻이다.

그때그때 깨어 있는 최선의 모습이 무엇일까? 아마 성자들의 인격이 아닐까 생각한다. 예수와 석가, 그 밖의 많은 성자들의 인격을 그려보면 한 좋은 모델이 되어 줄 것이다.

깨어 있을 필요성과 깨어 있을 소재들에 깨어 있는 글을 써 가다 보니, 필자가 얼마나 성글게 살아가고 있는지 반성이 되며 보다 깨어 갈 것을 다짐하니 잔잔히 설레기도 하다.

가을인가보다. 하늘이 점점 높아져 간다. 맑아져 간다. 투명한 가을하늘처럼 깨어 있어 볼 것을 기도한다. 세상 행복에 적극적 일조가 되게 하리라 서원한다

2004년 10월 1일

처음 마음으로 돌아가서

입산 출가한 지 어언 27년째이다. 꼭 26년 5개월이 되었다. 불교의 핵심내용인 연기법과 일체유심조 법문을 접했을 때 나는 삶의 구조적 비밀을 다 알아버린 듯 머릿속이 개운했고, 모든 삶의 대책론의 마스터 키를 손에 쥔 듯 뱃속이 두둑했다. 그리고 심소조(心所造)의 원리를 명상하다가 일체 대상을 자기 습대로 걸러서 받아들이는 나의 육근(六根 : 眼, 耳, 鼻, 舌, 身, 意)의 비실체성을 직시하면서 마음이 개체아(個體我)의 한계를 벗어나 허공으로 열리는 것을 느꼈다. 숨쉬는 것도 잊은 채 잠시 광명천지의 허공심에 머물다가 정신을 차렸을 때, 어디서 터져 나오는 울음인지 한참 동안 오열을 토했

다. 가슴이 시원하고 호연한 마음이 되었다.

이것이 20대 초에 온 나의 첫 종교적 체험이었다. 그 이후 나는 세상명리에 대한 염사가 거의 사라졌다. 지향할 바의 확실한 방향을 얻은 것이다. 그 체험의 심도를 더해 갈 일만 있을 뿐이라고 여기며 수월하게 스스로 삭발을 하였다. 그러한 큰 깨달음은 수도생활을 하면서 몇 차례 더 오기도 하였지만, 깨달음이 더 순숙되어 가야 할 터인데 조금만 게을러도 자칫 여습이 몰아와서 피아와 시비에 휩싸이게 된다.

전문 수행자의 길을 가기 위한 준비 과정인 행자 시절에는 누구나 다 겪듯 어려움이 더러 있다. 절집에서만 있는 특유의 생활 문화도 익혀 가야 했고, 세간에서의 한밤중인 새벽 2시 40분쯤에는 일어나야 하는 일도 곤혹스러웠고, 행자 신분에 어찌 일신의 안위를 살피는 마음을 허용하랴 싶어서 고무장갑도 안 끼고 설거지·일반청소·화장실청소 등을 하면서 손을 호호 불던 일도 치렀고, 법당 예불 모시는 예법도 터득해야 했고, 서투른 부엌일도 익혀 가야 했고, 일체 예식에 필요한 어려운 한자말의 염불까지 외워야 하는, 그리고 층층시하의 심리적 시집살이 등 신체적으로도 심리적으로도 짱짱하게 고단한 나날이었다.

그 중에서 내 개인적으로 가장 힘겹게 치룬 과제는 행자 도반과의 관계였다. 대중들 가운데 가장 가까이서 접하고 하루 중 가장 많은 시간을 함께 하는 동료로서, 또한 서로에 대하여 자신을 가장 많이 들키면서 교류하는 사이인 것이다. 아울러 모두 서투른 초행의 사람들이다 보니 아무리 전문 수행자의 길을 나섰다 하더라도 아직은 미성숙한지라 서로의 눈에 설게 마련이다. 오히려 어르신들의 눈에 들기는 쉬었다. 삼가고 또 삼가는 초심의 시절이니 어르신들의 원하시는 바를 얼른 알아차려서 민첩하게 행하기는 그다지 어렵지 않았다.

그런데 몇 달 먼저 들어오신 그 행자님의 시집살이가 어찌나 매콤했던지 지금 생각해도 회심의 미소가 지어진다. 행자살이 동안에 그 이전의 평온했던 마음과 열려 있던 의식이 다소 침해되기는 했지만 여러모로 더 단단해졌고, 평생 그만큼 무조건 죽어 지낸 적이 별로 없었던 것 같다. 이렇게 하여 행자살이는 물론 그 자체로서 수도이기도 하려니와, 평생의 수도생활의 밑거름을 장만하는 계기가 되었다.

행자 시절을 돌이켜보면 지금까지의 내 인생에서 가장 곱고 낮은 마음으로 살았던 한 동안의 세월이었던 것 같다. 내 생애에서 가장 보배로웠던 나날로 꼽힌다. 그야말로 무조건, 온전히, 빠짐없이 수용하겠다는 자세로 살았다. 모든 경계가 다 스승이라고 철저히 섬기는 마음이었다. 일체가 다 부처님의 시험이라 여기면서 한 코스도 추락하지 않기 위하여 최선으로 깨어 있고자 했고, 모든 경계가 자신의 내면을 비추는 거울로 여겨지며 그저 감사했다. 예불 시간에 몇 초라도 늦는 것을 큰일나는 것으로 알고 지키며, 한 젓가락의 음

식도 어찌 그리 감사하였으며, 볼을 에는 듯한 칼바람의 새벽 도량
석도 선민 정신의 자부심으로 환희롭던 기억, 섬세한 번뇌 한 자락
도 화들짝 놀래며 다스리던 그 지극정성의 일상들……. 가장 낮은
마음이면서도 그러한 자신이 얼마나 귀하고 소중하게 보이는지 가
장 거룩한 정체성을 가졌었다. 그 바쁜 와중에서도 틈을 쪼개서 쓴
일기장을 나중에 읽어 보고 기특하여 눈물을 글썽이기도 했다.

그러다가 수계 절차를 거쳐 정식 승려가 되었고, 다사하고 다채로
운 세월이 흘러갔다. 총기와 감수성이 있는 편이어서 정신문화의 가
치체계들을 대체로 빨리 습득하고 수도문화권의 생활이 마치 체질
인 듯 잘 적응하였고, 게다가 사람과 잘 어울리는 다소의 재주들도
있는 데다가, 또 일찍이 동사섭 문화와의 인연으로 오랜 세월 동사
섭 수련을 안내해 오면서 소위 '선생님 노릇'을 많이도 해 왔다. 게
다가 승려라는 형색 자체가 교도들께는 이미 영적 스승의 상징적 존
재이기에 상당한 대접이 주어지는 연고로, 또 자연스러이 어떤 부류
의 사람들에게는 '스승 노릇'도 되어 갔다.
물론 그런 가운데 자신의 내면을 정직하고 정성스럽게 더욱 다져
가려고 애써 오기도 했고, 많은 일들도 일구어 왔으며, 세상에 어떤
도움을 드리기도 하였다. 나를 은혜롭게 여기는 팬들도 많고, 나를
아끼고 사랑하는 벗들도 많고, 나를 스승으로 여기는 제자들도 많아
졌다.

처음 깨달음 이후 가졌던 마음의 평화로움이 깊어지기도 했고, 법리(法理)에 대한 명철함이 더해진 것도 사실이다. 호연지기가 더 커지고, 마음속에 별 번뇌라 할 것이 없는 맑은 마음도 그 순도를 더해 가고 있다. 언제라도 죽을 수 있을 듯 생명에 대한 애착도 없고, 생과 사가 일직선상에 놓여 있는 한 흐름이라는 것을 몸이 아는 데서 오는 자유감도 있다.

그런데 어떤 그리움이 있다. 행자 시절의 곱기만 하던 그 마음이다. 법문 한 말씀 한 말씀이 주옥처럼, 금언(金言)처럼 들리어 공손히 합장하며 영접하던 나직한 그 마음이다. 그저 인정받고 보호받기만 하던 묵은 인연들을 떠나 온통 낯선 사람들 틈바구니에서 죽은 듯 적응해 가던 그 고독한 마음이다. 손짓 하나 발짓 하나에도 진지함을 담은 그 정성된 마음이다. 선생님과 어른을 오래 하면서 잃어가고 있는, 낯익은 사람들 속에서 묻혀 가는, 얕은 자유와 여유 속에서 둔감해져 가는 초심의 마음이 지긋이 그립다.

하던 일체의 일들을 멈추고 쉬기로 한다. 만나 오던 많은 사람들을 저만치의 거리에 두고 혼자이기로 한다. 지인의 길이 아직 멀기만 한데 느슨함을 너무 많이 허용했다. 다시, 초심 때의 그 시퍼런 각오를 다진다.

2005년 5월 1일

우리의 살 길

지금 행복할 줄 아는 사람은 '미래의 지금'에도 틀림없이 행복할 수 있다.
미래의 행복을 꿈꾸며 '지금' 행복할 줄 모르는 사람은 미래의 '지금'이 주어진다 해도
다시 미래의 행복을 기획하며 고단한 삶을 살아갈 것이다.
그러므로 지금 바로 행복할 일, 그것이 우리가 삶의 모든 순간에 최선을 다할 일이다.

흔히 하루를 마감하면서 일기를 쓴다. 그리고 한 생을 마무리하면서 유서나 유고집을 낸다. 하루를 마감할 때에는 내일이 있을 것이라는 습관적인 미욱한 희망으로 마음이 철없이 여유롭다. 병고나 노고 중에 생의 마감을 준비하는 마음은 차분히 절박할 것이다. 내일을 보장받을 수 없을지도 모른다는 생각에서이다.

물론 경우에 따라서는 조급하고 애가 터지는 사람도 있을 수 있다. 생명을 더 유예 받고 싶은 욕심에서이다. 사실은 하루를 마감하는 일이나 한 생을 마감하는 일은 엄정하게 같은 의미이다. 내일이 우리에게 있다는 것을 확실히 아는 사람은 드물다. 나아가서 찰나찰

나 우리는 생의 마지막을 살고 있는 것이나 다름없다고 생각하면 맞다. '지금'만이 우리에게 주어진 시간일 뿐이다. 지금 바로 최선을 다할 일, 그것만이 우리가 할 수 있는 소임이다. 지금만이 우리의 유일한 희망이다.

지금 바로 최선을 다한다 할 때에 무엇에 대하여서인가? 자기에게 주어진 모든 일에서이다. 최선으로 하고자 하는 모든 일의 목적은 행복이다, 행복! '지금' 밖에 기회가 없는 우리들로서 지금 행복해지지 않는다면 어떻게 되겠는가?

지금 행복할 줄 아는 자는 '미래의 지금'에도 행복해질 수 있음이 틀림없다. 미래의 행복을 꿈꾸며 지금 행복할 줄 모르는 사람은, 미래의 지금이 주어진다 해도 다시 미래의 행복을 기획하며 고단한 삶을 살아갈 것이다. 지금 바로 행복할 일, 그것이 우리가 모든 순간에 최선으로 할 일이다.

지금 바로 행복하자고 할 때에 어떻게 행복해질 것인가? 지족과 방하밖에 없다고 해도 과언이 아니다. 우리가 살 길은 지족과 방하이다.

인생은 무엇인가를 끝없이 욕구하고, 욕구 성취를 위하여 애쓰다가 가는 길이다. 성취가 되면 기뻐하고 좌절되면 괴로워하면서, 그 가운데 이런저런 미담이 만들어지기도 하고 마음이 괴로워 병을 치르기도 하면서 한 생을 살아간다.

우리가 욕구하는 것들을 다 성취하기를 기대할 수는 없다. 어쩌면 불가능한 일이기도 하다. 그러나 우리 인생의 모든 순간을 행복이게 할 수는 있다. 인류의 모든 스승들께서 안내하는 가르침들의 핵심이 곧 그것이요, 삶의 문제를 지고하게 달관한 지성인의 삶의 기초 원리가 그것인 것 같다.

지족에 눈을 뜰 일이요, 방하의 원리를 깨달을 일이다. 우리에게 이미 주어진 수많은 은혜에 감사하고 기뻐할 일이요, 이 모든 것들의 허상을 바로 알고 집착을 놓을 일이다.

우리가 조금만 눈을 뜨면 우리에게 주어진 은혜가 참으로 많다는 것을 알게 된다. 이미 있는 것, 이미 이룬 것만으로도 찬란한 우리 인생임을 알게 된다. 나아가 모든 욕구의 근원을 더듬어 가다 보면 단지 살아만 있는 의식의 본자리에 이르게 되며, 그곳은 욕구는커녕 호리의 한 생각도 일어나기 이전의 곳으로 정적과 고요한 법열(法悅)만이 흐르고 있는 곳임을 알게 된다.

지족에 눈을 뜨게 하는 비결 하나로 '만약 그것이 내게 없다면?', '만약 그보다 못하다면?' 을 참으로 진지하게 사색해 보는 일이다. 만약 내가 볼 수 없다면? 만약 내가 말을 할 수 없다면? 만약 내가 들을 수 없다면? 내가 만약 걸을 수 없다면? 내가 만약에 생각할 수 없다면? 내가 만약에 느낄 수 없다면? 내가 만약 문자를 모른다면? 만약에 내가 사랑할 줄을 모른다면? 내게 만약 간장(肝腸)이 없다면? 내게 만약 심장이 없다면? 내게 만약 신장이 둘 다 없다면? 내가 만약 배설의 기능을 할 수가 없다면? 만약에 내가 숨 쉬기 곤란하다면? 만약에 내가……?

이 모두 극히 힘겨운 일이다. 이 모든 기능을 회복하기 위해 노력을 해야 한다면 그 수고로움과 경제적 투자는 참으로 아득한 일이다. 어떤 상황에서라도 '이미 있는 그것'을 찾아서 횡재로 여길 일이요, '그보다 못한 데 비한다면야' 하며 천만다행으로 여길 일이다. 그것이 사실이기 때문이요, 그것이 복된 생각이기 때문이요, 그것만이 오직 살 길이기 때문이다.

우리의 순간순간의 행복여탈권이 바로 우리 자신에게 있음을 알 수 있다. 스스로 그때 무엇을 선택하느냐에 달려 있다는 것을 우리는 무수한 체험으로 안다. 그때 내가 그것을 선택하여 기뻐하였고, 그때 내가 그것을 선택하여 괴로워했던 숱한 기억들을 우리는 가지고 있다. 지족을 선택할 것인가, 불만족을 선택할 것인가는 그 순간의 자신의 뜻에 달려 있다. 지금 행복해지고자 한다면 답은 이미 내려져 있다.

방하에 눈을 뜨게 하는 비결 하나로, 의식의 전개과정에 대한 사유이다. 우리의 의식이 어떤 경로를 통하여 이 세상[인식대상]에 접해 가고 있는가를 사유해 볼 일이다. 반대로 우리가 접하고 있는 세상과 자신의 의식세계와의 과정을 거슬러서 더듬어 가 보노라면, 그 진원지에 의식의 원단이 있음을 알게 된다.

의식의 원단인 순수의식에 이르게 되면, 모든 것이 절로 방하가 된다. 잡고 있던 모든 것이 놓아진다. 의식의 원단인 순수의식으로 있고자 하여도 개념화 및 욕구 행위를 해 오던 습관성의 그늘이 고요한 명상을 은근히 방해한다. 그 배후의 업을 대청소하게 하기 위하여, 의식의 전개과정에서 알게 되는 원리의 하나로서 욕심의 근본인 자아의 비실체성을 관하게 한다. 소위 무아 명상 혹은 비아(非我) 명상이다.

의식의 전개과정, 의식의 원단 등의 용어는 동사섭 문화에서 쓰는 고유개념으로서 용자(字) 타자(字) 큰스님께서 개발하신 용어들이다. 오랜 세월 모시고 수련을 함께해 온 연유로, 또 그것에 대한 깊이 있는 이해 공덕으로 자신 속에서 소화된 용어로 빌려 쓴다.

지족에 눈을 뜬다면 우리 인생은 찬란한 기적의 연속이요, 숙연한 신화적 역사이다. 감사와 찬탄의 기쁨이 넘칠 것이다. 방하에 눈을 뜬다면 우리 인생은 그야말로 지족의 극치로서, 이대로 무위의 고요한 극락으로, 맑고 평화로운 기쁨으로 조용히 숨만 쉬고 있으면 될 일이다.

지족과 방하는 우리 인생을 어느 순간에도 행복이게 하는 천국 열쇠[Master Key]이다. 매 순간 우리는 지족과 방하로서 최선을 다할 일이다. 그리고 그때그때의 과제인 구현목표를 향해 성실히 살아갈 일이다. 동사섭 문화에서는 지족구현 즉, '지족 바탕 위에 구현'을 기초 철학으로 하고 있다.

이 글을 쓰며 문득문득 뜨거운 오열이 올라왔다. 새삼 역대 성현들의 지고한 깨달음의 구도열정과 그것을 안내해 주시기 위한 고구정녕한 자비심에 대한 지극한 감사함에서이다.

이 세상 모두가 지족의 풍성한 기쁨으로 넘치며, 방하의 고요한 해탈에 젖어 가시길 빌고 또 빈다.

2005년 7월 19일

4부

아무것도 안 하기

경계 중에서 가장 무게 있는 경계는 사람이다. 인생이란 사람과 만나 사람과 부대끼다 가는 것이다. 마음 나누기가 잘 이루어지고, 베풂—보시와 감사와 관용과 사과 등 네 개의 미덕이 잘 인격화되고 생활화되면 이 땅에서도 우리는 충분히 천국을 만들어 갈 수 있다.

나는 무엇으로 행복한가?

나는 지금 무엇으로 가장 행복한가?
그것은 '아무것도 안 하기' 이다. 무념무상이다.
마음에 아무것도 그리지 않고, 의식에 아무것도 떠올리지 않고
'단지 순수의식으로 깨어 있기' 이다.

우리는 끝없이 무엇인가를 추구해 간다. 그 모든 추구의 목적은 행복이다. 행복하기 위하여 온갖 노력을 아끼지 않는다. 운동도 하고, 돈도 벌고, 지식도 쌓고, 결혼도 하고, 취미생활도 하고, 종교생활도 하며 수행의 길을 걷기도 한다. 심지어 죽으면 좀더 행복할까 하고 자살을 시도해 보기도 한다. 인생의 목적은 행복임이 틀림없다. '그러면, 나는 행복한가? 무엇으로 행복한가?' 조용히 자문해 본다.

나를 행복하게 했던 것들의 역사를 더듬어 본다. 그 과정은 어떤 의미에 있어서 가치관의 변천사라고 해도 과언이 아니다. 알사탕 하

나로도 충분히 행복했던 시절도 있었고, 학교 성적으로서 행복했던 시절이 있었는가 하면, 청소년 시절에는 절친한 친구와 이상적인 꿈을 그리며 이미 이룬 듯 행복해 하였고, 수도자의 길을 결정하고서는 마치 세상에서 몇 안 되는 선민인 양 우월적 기쁨이 있었다.

상담과 지도를 받던 내담자들이나 제자들의 영적 변화가 안겨다 주는 눈시울 젖는 보람도 한 때의 기쁨이었고, 한 세월 동안 동사섭 수련을 마칠 때마다 수련생들의 환한 미소를 보며 뿌듯한 행복감으로 웃었고, 모진 고행으로서 자신의 인내심과 희망을 담금질해 갈 때의 고독한 행복감도 한 동안의 자부심 어린 기쁨이었으며, 삶 가운데에서 심한 고통을 접할 때조차 내면이 흔들리지 않고 냉정한 판단분별로서 자신을 추슬러 가는 탄탄한 내공을 볼 때의 기쁨, 일념의 염불이 염념상속(念念相續) 끊이지 않고 익어져 갈 때의 고요한 기쁨도 있다. 이렇듯 나를 행복하게 했던 것들이 주마등처럼 지나가며 다시 기쁨의 미소를 짓는다.

지금 나는 무엇으로 인하여 가장 행복한가? 내가 요즈음 즐겨 하는 것이 무엇인가? '아무것도 안 하기' 다. 무념(無念), 무상(無想)이다. 무심(無心)이다. 마음에 아무것도 그리지 않고, 의식에 아무것도 떠올리지 않고, '단지 순수의식으로 깨어 있기' 이다. 성성하고 적적한 의식 자체로 있음이다. 그저 고요하고 한가로운, 일없는[無爲] 마음이다. 일체의 사념을 거두고 감각의 기능도 회수한 채 단지 깨어 있기, 그 순수의식을 견지하며 가만가만 들숨날숨만 관장한다. 단순하고 담백하게 이 순간에 있을 뿐!

동사섭 수련의 궁극 과정인 돈망(頓忘)이다. 우리의 의식이 이러한 상태로 있을 수 있다는 것이 큰 축복이다. 사실은 우리가 누구나 이미 체험하고 있다는 것 아닌가! 이미 그러고 있음을 확인만 하면 된다는 것이 더 큰 다행함이다. 등에 업은 아이 찾은 격으로 말이다.

나는 요즈음 이것으로 좋다. 참 좋다. 이 지복감은 내가 지금껏 누려온 그 어떤 행복감에도 비교할 수 없는 독보적인 기쁨이다. 기쁨이라 이름붙이기가 너무 거칠다. 더 이상 무엇인가를 찾아 헤매지 않아도 된다. 이곳은 내가 머무를 수 있는 마지막 안식처임이 확실하다. 세 끼 밥만 겨우 챙겨 먹고는 남은 평생 이렇게만 있다가 가고 싶다. 이러한 지복감을 누릴 수 있게 되다니, 횡재한 인생이다. 감사함이 지극하다.

돈망의 핵심은 '옴'이다. 무엇이라고 이름붙일 수 없어서 동사섭 문화에서는 그냥 '옴'이라 칭한다. '옴'의 소식이 제대로 오게 되면, 모든 것들에 대한 가치체계가 확연히 달라진다. 생과 사의 우열이 깨끗이 사라진다. 시비미추의 시소놀음이 완전히 무력해진다. 물론 다시 여습에 떨어져 이러쿵저러쿵 해찰을 부리더라도 더 이상 고통을 강화시키는 업장놀음은 안 된다. '옴'에서 얻는 안식의 그늘이 성성적적하며 호호탕탕하여 그 위력이 대단해서이다. 절로 숨이 깊어지며 마음이 푹 쉬어진다.

돈망살이의 순도가 밀밀해지면서 내 안에서 뜨거운 눈물로 발원되는 기도가 있다. 이 담백한 체험을, 이 무위의 고요한 기쁨을, 이 성성하고 적적한 해탈을, 이 세상 모든 이들과 함께하고 싶음이다. 이 발원으로 몇 차례고 울었다. "산다는 것이 이렇게 쉬운 것을! 이렇게 담백하게 존재하여도 이렇게 평온하고 좋은 것을! 우리가 행복해지는 데 있어서 최소한의 의식주만 해결되면 더 이상 아무것도 필요치 않은 것을! 그냥 존재할 수 있다면……!"

'옴'과 '돈망'의 삶을 동사섭 문화에서는 이론적 이해와 반복적 실습을 통하여 접근시키고 있다는 점에서 영성수련의 획기적인 지평을 열어가고 있다. 돈망의 쉼터에서 더욱 푸욱 쉬어갈 것을 서원한다. 이어 이 세상의 모든 사람들의 돈망살이를 다시 지심으로 기원하며 6월을 연다.

벌써 6월이다.

2007년 5월 마지막 날

대원의 삶

존재하는 모든 것들은 중중연기로 엮여 있다.
서로 치밀하게 영향을 미치고 있다. 그러므로 우리네 삶의 진정한 목적은 절대로
'나만의 행복' 이 아니라 '더불어 함께의 행복' 이다.

동사섭 문화의 궁극적 목적은 세상 모두의 행복이다. 큰 바람이라 하여 대원이라 일컫고, '세상 모두의 행복을 위함' 을 모든 행위의 기준으로 삼아 보고자 한다. 매사에, "이 일이 나와 세상의 행복을 위한 일인가?" 를 물어보자는 것이다.

삶의 목적은 행복이다. 그 행복의 주체가 '나' 만이 아니라 '우리 모두' 가 되도록 하자는 것은 우리가 선택해 봄직한 매우 가치 높은 신념이다. 자신의 모든 행위가 세상 행복에 기여하고자 하는 뜻을 갖는 사람이 있다면 그 뜻이 얼마나 거룩한가! 하늘이 보시기에 기

쁠 것이다. 아울러 그 행위 하나하나의 가치가 격상될 것이 아닌가! 스스로 느끼기에 기쁠 것이다.

자신의 모든 행위의 바탕에 '세상 행복을 위함'이라는 목표를 설정해 놓았을 때 우리의 일상은 그대로 대원행이 될 것이다. 수면의 예를 든다면 숙면을 취하여 몸 건강과 마음의 평온함을 얻게 될 때에 그 몸과 그 마음은 세상에 맑고 밝은 기운을 선사하며, 그러한 몸과 마음으로 하는 모든 일들이 더 효율적으로 되어갈 것이니 이 세상에도 보탬이 될 게 아닌가.

깨끗한 세면과 단아한 옷단장도 먼저 자신의 마음을 맑고 환하게 하기도 하려니와, 그 맑고 환한 기운은 이 세상에 좋은 장력(場力)을 만들어 줄 것이며 그러한 모습을 보는 사람의 마음도 상쾌하게 할 것이다. 직장에서 또는 임하는 모든 곳에서 자신이 하는 일은 자신의 기쁨과 경제력과 명예를 위해 하는 일일지라도 이미 그 일은 세상의 유익함이 될 것이니 세상 행복에 기여하는 바가 되고 있지 않는가?

이렇게 자신의 모든 행위가 이미 세상 행복에 기여하고 있으니 아예 세상 행복을 위해 살아가겠노라는 신념을 가진들 결코 넘치는 일이 아니다. 또한 우리는 그러한 사상과 윤리의식을 이미 초등학교 시절부터 머리와 가슴과 손발에 익혀 오기도 하였다. 우리들 한 분 한 분의 존재는 이미 세상의 빛과 소금의 역할을 하고 있다. 다만 명쾌한 이론이나 철학적 정립이 미약했을 뿐이다.

세상 모두의 행복에 대한 발원은 우리의 선택 사항이 될 수도 있겠지만 사실은 우리가 궁행해 내야 할 삶의 당위이기도 하다. 존재하는 모든 것들이 중중연기로 엮어져 있다는 사실을 심도 있게 명상해 본다면, 모든 것들은 모든 것들에게 얼마나 치밀하게 영향을 미치고 있는지를 알게 될 것이며 완전히 독립된 개체로서는 존립할 수 없다는 것을 절감하게 될 것이다. 진정 우리네 삶의 목적이 '나만의 행복'이 될 수가 없으며, '더불어 함께의 행복'을 지향해 갈 수밖에 없음을 고개 끄덕이게 된다.

불교의 대승경전의 꽃이라 할 수 있는 《금강경》의 한 말씀을 인용하자면, '지극한 보리심을 발하는 선남자 선여인이 그 중생심을 어떻게 항복받을까' 하는 제자의 질문에 대한 부처님의 답변으로 "먼저 일체중생을 다 제도하여 무여열반(無餘涅槃)에 들게 하리라고 서원하라."가 있다. 참으로 가슴 깊게 와 닿는 말씀이요, 눈시울이 뜨거워지게 하는 말씀이다. 매우 고무적인 법문이 아닐 수 없다.

대원의 삶이 지고한 가치요, 필연필수의 과제라 할 때에 우리는 대원의 삶을 위한 보다 적극적이고 구체적인 방법을 모색해 보지 않을 수 없다. 대원의 삶의 첫 단추는 대원정신의 무장이다. 대원의 삶을 지향할 수밖에 없는 이치를 영접함이다. '정신'은 관행의 근거가 되며, 투철한 정신은 지심한 관행의 동력이 된다.

대원정신의 무장 다음에는 그 정신을 바탕으로 우선 세상 행복을 위한 기도부터 신실하게 해 간다. 대원관(대원기도)의 실행이다. 대원관의 대상으로는 먼저 소속되어 있는 가장 우선적인 공동체인 가족부터 선정한다. 가족 한 사람 한 사람에 대한 건강과 원성취(願成就)와 마음의 평화와 조화로운 관계인격을 위한 기도를 보내며, 가정 공간 내에 맑고 밝은 기운이 가득할 것을 염원한다.

이어서 직장공동체, 지연공동체, 국가, 인류, 유정무정, 태양계, 은하계, 우주법계 공동체 등에 속해 있는 모든 생명 있는 것들의 행복을, 그 공간의 맑고 밝은 기운을 그리며 온 정성을 담아 기도한다. 대상무한(對象無限)의 기도이다.

하루에도 몇 차례고 잠깐씩이라도 반복적으로 해 간다. 기도의 생활화이다. 대원정신과 대원관이 무르익게 되면 자연히 일상 속에서 작선의 모습으로 꽃피워질 것이다. 대원행의 익어감이다. 대원의 삶이란 대원정신[대원의 마음], 대원관[대원기도], 그리고 대원행[작선 등]이 잘 어우러져 감이다.

한 사람 한 사람의 마음 안에서 대원의 삶에 대한 은은한 열망이 숨결처럼 일렁이고 대원관과 대원행이 구들장 아랫목의 다사로움처럼 번져 가는, 그리고 그러한 마음의 움직임들을 너무 소란스럽지 않은 언어들로 나누어 가는 세상을 그려보니 고향 언덕에서 느껴지는 푸근함이 감돈다.

꿈이란 이래서 좋다. 미래에 성취되면 그것대로 기쁠 일이요, 미리 머릿속에서 그려보면서 이미 이러히 기뻐지니 말이다. 매일 한 번씩이라도 세상 행복을 위한 기도를 하면서, 나아가 세상 행복에 기여하는 삶이 되리라고 마음을 다지는 일이 동사섭 문화 운동의 중대 목표의 하나이다.

세상을 위하는 기도가 더욱 맑은 에너지로 흐르도록 내 의식 속의 검불을 오롯이 다루어 가리라 다시 마음먹는다. 진정 이 세상 모든 사람들이 행복했으면 좋겠다.

2006년 7월 중순

바라밀 천국인 동사섭 마당

동사섭 마당에서는 의식의 전개 과정을 섬세하고 면밀하게 깨어 있게 함으로써,
의식의 전개 과정마다에 최선으로 임할 수 있는 하나의 좋은 방편을 안내하면서,
자신의 심신을 잘 다루어 내는 깨어 있는 주인이 되게 한다.

동사섭 문화는 바라밀의 천국이다.

바라밀이란 방편을 말한다. 방법론을 말한다. 이곳에서 저곳으로 건너가는 뗏목을 말한다. 동사섭 문화 속에는 이곳[고의 세계]에서 저곳[낙의 세계]으로 건너가는 다양한 뗏목이 이론정연하게 존재하며, 인연 따라 잘 활용된다면 참으로 유익한 도구들의 보고(寶庫)이다.

동사섭인이 된다면, 제대로만 된다면, 완전무장한 용맹 전사가 된다. 생애에 자신을 괴롭히는 그 어떤 적이 나타날지라도 기꺼이 손쉽게 대적해 낼 수 있는 다양하고 정교한 무기가 완비되어 있기 때문이다.

동사섭 마당에서는 의식의 전개 과정을 섬세하고 면밀하게 깨어 있게 함으로써, 의식의 전개 과정마다에 최선으로 임할 수 있는 하나의 좋은 방편을 안내하면서, 자신의 심신을 잘 다루어 내는 깨어 있는 주인이 되게 한다.

고요하게 무심으로 있고자 한다면, 아무 적도 두지 않고 홀홀 대자유인으로 있고자 한다면, 옴으로 있으면 된다, 돈망으로 있으면 된다.

한 생각 걸어 나와 분별지(地)에 와서도, 아직 개념에 떨어지지 않고 고요함을 즐기고자 한다면, '~구나!'로 있으면 된다.

개념 세계로 나왔을 때에는, 지족구현(知足具現)이라는 기초 철학을 바탕으로 살기를 권장한다. 일단 긍정을 누리며 보다 나은 미래를 구현하기 위해 최선을 다하자는 것이다. 긍정지향의 삶을 체화(體化)해 가자는 것이 동사섭 문화의 중대한 특색 하나이다. 어떤 상황에서라도 일단 감사하고 기뻐한 연후에 문제의 개선을 지향해 가자는 것이니, 모든 일을 기쁨으로 도전해 갈 수 있게 된다.

그러기 위해 평소 기쁨의 토대가 두터워지도록 밝음명상을 많이 하게 한다. 생활 속의 미세기쁨 정서들을 찾아서 누리는 것이 습관화되고 생활화되도록 하는 문화운동을 펴고 있다. '기적의 미세정서'라는 슬로건은 가히 생활 속의 기적을 만들어 낸다.

그래도 실족하여 부정정서가 일어났을 때이면, '나지사'라는 도구가 있다. 인격의 척도를 재는 많은 기준이 있을 수 있겠지만 마이너스(−) 상황을 잘 수용해 넘이 그 중대한 척도 하나가 될 것이다.

고로부터 해방되기를 원한다면, 고의 상황이 개선된 다음에라야 오는 낙을 기다릴 것이 아니라, 상황을 받아들이는 주관성[주관적 필터]을 개선하자는 것이 수심이니만큼 수심의 의지를 높여 바로 실천해 보자는 것이다. '나지사명상'을 깊이 있게 해 가다 보면, 자신과 상황 즉, 존재계에 대한 격물치지의 인격이 길러져 갈 뿐만이 아니라, 일체의 경계를 멀리 뚝 떼어놓고 건너다보는 훈련이 익어져서 상황에 즉한 순간 상황과 즉각 비빔밥이 되는 혼란에서 벗어나게 한다.

'나지사명상'이 익어지면, 마이너스 상황에 보다 잘 대처해 가는 능숙한 주인이 된다. 물론 플러스 상황에도 적용해 봄으로 해서 미성숙한 기쁨으로부터 자유로워지는 수련이 되기도 한다.

이렇듯 돈망과 옴나, 긍정명상과 나지사명상을 애써 정진해 가노라 해도, 거듭 집착되고 걸려 넘어지는 나[我]의 욕심의 체계들을 면밀히 파헤쳐 모질게 하나하나 놓아 가게 하는 몟목도 있다.

나아가서 이 모든 상황 즉, 대인(對人)·대물(對物)·대사(對事)의 주체가 되는 '나[我]'의 실체를 제대로 앎으로 해서 나로부터의 해방을 가져오게 하는 명상법이 있다.

경계 중에서 가장 무게 있는 경계는 사람이다. 인생이란 사람과 만나 사람과 부대끼다 가는 것인데, 사람과 어떻게 잘 만날 것인가, 사람을 대할 때 어떻게 하는 것이 이상적일까 하는 고심 아래, 나눔의 미학 즉 교류미학의 한 체계가 마련되어 있다. 마음나누기와 교류4덕이다.

인간과 인간 사이의 도타운 정과 신뢰를 만들어 감에 있어서는 그다지 복잡한 원리와 노력을 요하는 것이 아니다. 마음나누기가 잘 이루어지고, 베풂[보시]과 감사와 관용과 사과 등의 미덕이 인격화되고 생활화된다면, 이 땅에서도 천국을 만들어 갈 수 있기에 충분하다.

이 모든 바라밀들이 제대로의 약효를 발휘하려면 끊임없는 정진

을 요할 터인즉, 부단한 정진을 해 내는 의지는 가치관 정립에서 온
다. 스스로 지고한 행복을 흠모하고 구하는 마음, 이 세상 모두의 행
복을 추구해 가는 대원적인 가치관을 튼실하게 세워 놓아야 한다.

　위의 바라밀들을, 삶의 5대 원리라는 이름 아래 쉽고도 일목요연
하게 잘 정리하여 그 어느 곳 어느 때라도 행복을 위한 도구로 활용
할 수 있게 되어 있으니, 동사섭 마당은 가히 바라밀의 천국이라 이
름하여도 지나침이 없으리라.
　사족으로 한 말씀 첨언을 하자면, 이 모든 바라밀들은 생소한 새
로운 것들이라기보다는 곧 성경이나 불경, 역대 현인들의 말씀들,
그 밖의 다른 많은 프로그램들에서 얻어온 것을 조리 있게 엮어 놓
은 것들이다. 그러하기에 낯설지 않아서 좋고, 어렵지 않아서 더욱
좋다. 이것은 수련생 일반의 평가이다.

　인생이란 한 평생 무엇인가 요모조모 노력해 가는 과정이다. 이
세상 모든 사람들이 보다 행복해지시길 진심으로 빌며, 행복의 주도
권을 스스로 쥐고 있는 주인으로 살아가시기를 간절히 빌며, 주도의
행사는 곧 수심에서 발휘되는지라, 수심의 생활화를 또한 성심껏 빌
어마지 않는다.

　막상 수심을 해 가자 하면 그 방법론을 궁구할 것인즉, 동사섭 수

련생들의 수심에 다소라도 복습의 의미가 되어 줄까 하여 동사섭 바라밀의 체계를 정리해 보았다. 이곳이 비회원들도 열람할 수 있는 공간임을 참고하여 구체적 상세한 방법을 밝힘을 삼가는 것을 나름의 예로 삼아 본다.

정녕 이 세상 모두의 행복을 비는 대원의 마음으로 이 글을 쓴다.

2004년 1월 1일

'옴'과 교류4덕

'옴'이란 시비분별을 떠난 의식 상태를 견지함이다.
한 생각도 일으키지 않는, 순수의식 자체만을 의식하는 것이다. 인식 주체도 사라지고,
인식 객체도 사라지고, 오직 살아 있음만을 각성하고 있는 상태로
성성하게 의식만 숨 쉬는 것이다.

사람이 살아가는 데 있어 몸 건강을 위해 거의 절대적으로 필요한 것은 음식이다. 기본적인 식생활이 보장되어야 하고, 보다 영양가 있고 맛있는 음식이 주어진다면 더욱 신나는 일이다. 그러나 아무리 맛있고 영양가 있는 음식이라도 위장에 부담이 되지 않아야 함이 상식이고, 가끔씩은 단식을 통하여 위와 장을 온전히 비우며 숙변까지 제거하는 기회를 갖게 될 때 위장은 더욱 맑고 탄력 있게 되며 혈액순환과 신진대사가 원활해져 몸 전체의 건강이 더욱 좋아진다.

마음도 마찬가지다. 사람이 살아가는 데 있어 마음의 평안을 위

해 거의 절대적으로 필요한 것들이 있다. 그것이 무엇일까 정사유해 보자.

마음을 밝고 활기 있게 하기 위해 필요한 영양의 하나는 관심과 배려이다. 인간은 나면서부터 사회적 존재이다. 더불어 살며 서로 관심하고 배려할 때 기운이 살아난다. 신나는 삶이 된다. 어떻게 관심하고 배려할 것인가 하는 것을 사색하고 연찬하며 나눌 필요가 있다.

우리가 먹기만 하고 위장을 쉬어 주지 않을 때 위장의 과로로 배탈 및 여러 신체적 병증이 나타나듯이, 의식세계의 휴식이 없이 마냥 생각하고 욕심내고 긴장한다면 우리의 마음은 병을 얻을 것이다.

고로 의식의 단식이 필요하다. 일체의 의식 활동을 비우는 것이다. 마음이 지극히 맑고 평온하게 될 것이다. 뿐만 아니라 보다 신선하게 창의적인 생각과 의욕을 갖게 될 것이며, 보다 활기 있는 행동력이 창출될 것이다. 마음비우기 어떻게 할 것인가, 참으로 거룩한 고민이 아닐 수 없다.

동사섭 문화에서는 위의 두 가지 즉, 의식의 휴식과 영양 공급에 관하여 상세하고 적극적인 안내를 하고 있으며 하나의 문화운동으로 펼치고 있다. '옴'과 교류4덕이 그것이다. '옴' 명상을 통하여 의식의 온전한 휴식을 취하며, 교류4덕 실천을 통하여 관심과 배려의

향기가 넘치는 세상을 만들어 가고자 한다.

'옴'이란 시비분별을 떠난 의식 상태를 견지함이다. 한 생각도 일으키지 아니한, 순수의식 자체를 의식하는 것이다. 인식주체도 사라지고, 인식객체도 사라지고, 오직 살아 있음만 각성하고 있는 상태이다. 죽지 않고, 잠들지 않고, 멍하지 않으면서, 한 생각도 일으키지 아니하고, 다만 성성하게 의식만 의식하고 있는 것이다.

이 체험을 단 한 번이라도 하게 된다면, '옴'의 맛을 한 모금이라도 맛보게 된다면, 우리들의 의식 세계가 얼마나 고요한지 알게 된다. 우리의 시비분별의 살림이 얼마나 소란스러운지, 그리고 얼마나 피곤한 일인지를 알게 된다. 하여 '옴'에 보다 깊게 머물 수 있기를 그리워하게 된다. '옴'은 지고한 행복이 무엇인가를 알게 한다.

'옴'에서 한 걸음 발을 내딛고 분별 세계로 나온다면 곧장 관계가 형성된다. 대인(對人)·대물(對物)·대사(對事)의 살이[生]가 이어진다. 그 중에 가장 기본적인 과제 하나가 사람과의 관계이다. 사람과의 관계가 보다 화기애애하고 평화로울 것을 지향한다.

동사섭 수련에서 평화로운 관계를 위한 구체적 실천 과제로 제시하는 것이 크게는 나눔 공식과 교류4덕이 있고, 섬세한 여러 방편들이 안내되고 있다. 사실은 교류4덕이 부족하여 관계가 삭막해지고, 교류4덕만 충분하면 모든 관계는 양호해진다. 교류4덕은 우리의 삶을 윤택하게 하는 필수영양이다.

교류4덕에는 보시(布施), 감사, 사과, 관용이 있다.

인간관계는 무엇인가를 주고·받기가 전부이다. +를 주고·받고, -를 주고·받는다. 이때, +를 주는 일이 많을 때 인간관계는 좋아지고 살기 좋은 세상이 된다. 물질이든, 긍정적인 피드백이든, 봉사의 행동이든 베푸는 것이다. 베풂이 부족하여 우리의 마음이 건조해지고 상호 관계가 소원해진다. +를 많이 주며 살고자 하는 가치관을 세우고, +를 많이 주며 사는 인생을 만들어 가자.

+를 받았을 때에는 감사함을 느끼고 표현한다. 감사가 넘칠 때 기쁨이 많아진다. 인간관계는 물론 살기 좋은 세상이 된다. 우리가 감사느낌에 둔감해서는 안 된다. 감사해야 할 상황에 감사하지 못하고 있는 일은 없는지 살펴볼 일이다. 감사가 부족하여 우리의 마음이 건조하고 관계가 소원해진다. 감사생활을 인격화해 가자.

살아가다 보면 -도 주고·받게 마련이다. -를 주었을 때 서로를 살리는 길은 사과밖에 없다. 자신의 잘못을 정직하게 시인하고 사과하는 인격은 아름답다. 먼저 본인의 마음이 사면되며, 상대방의 마음도 해원이 된다. 사과를 생활화하자.

-를 받았을 때에는 어떻게 할 것인가? 삶의 목적을 상기하여야 한다. 삶의 목적은 행복이다. 행복은 좋은 느낌이다. -를 받고서 분

노하고, 미워하고, 복수할 것을 준비하고 있을 때에는 괴롭다. 자신을 괴롭힐 뿐만이 아니라 상대방도 긴장하게 한다. 서로 살아날 길은 관용이다. 역지사지의 이해와 대원지심의 철학이 요해진다. 너그러움의 덕성은 만물을 길러내며 만복을 불러온다. 관용을 애써 가지도록 하자.

자신의 행복을 위하여, 관계 화평을 위하여, 살기 좋은 세상을 위하여, 시비분별 세계에서의 할 일이란 이 교류4덕밖에 없는 듯하다. 교류4덕만 이루어진다면 이 세상 행복의 99%가 보장된다고 본다. 자칫 이 네 가지 덕성을 도덕교과서 내용 정도로 생각하기 쉽다. 그러나 자세히 마음을 머물고 명상해 보면, 따사롭고 교양 있으며 복스러운 삶의 겉모습은 이 4가지 덕성밖에 없다 할 정도이다. 인간관계에 문제가 생겼다 하면 이 4덕의 부실 때문이다.

틈틈이 '옴'에 머물며 성성적적한 대자유에 유유자적하고, 분별세계로 나와서는 그저 4덕을 쌓으며 살아갈 일, 그것이 가장 단아하고 후덕한 삶이 아니겠는가 생각하며 뛰어난 삶의 도구를 확실히 잡은 듯 마음이 그지없이 든든하다. 이 세상 모두의 행복을 빌며 끝없이 정진해 갈 것을 다짐하는 6월의 시작이 새롭다.

2004년 6월

동사섭 문화의 수심 체계

동사섭 문화의 목적은 세상 모두의 행복이다. 우리가 소속되어 있는 공동체의 행복이다. 우리의 소속 공동체는 가족 공동체, 직장 공동체, 지연 공동체, 국가 공동체, 지구 인류 공동체, 유정 공동체, 무정 공동체, 태양계, 은하계, 우주 등으로 그 범주를 넓혀 갈 수 있다.

우리 모두의 행복을 위한 방법론으로 동사섭 문화에서는 우선 다섯 가지 덕성을 제시한다. 정체, 대원, 수심, 화합, 작선 등이다. 이 다섯 가지 덕성은 서로서로 인이 되고 과가 되는 연기적 관계에 있다. 그 가운데 수심의 덕성을 강조해 본다면, 수심을 통하여 정체가

확립될 것이요, 수심을 통하여 대원 정신이 공고히 될 것이요, 수심이 되어져야 화합을 가져올 것이요, 수심이 곧 작선의 인격으로 나타날 것이다.

동사섭 문화에서는 일반과정 5박 6일 수련 기간 동안에는 5대 원리의 개괄적인 이론과 실습을 하고, 중급과정과 고급과정에서는 3박 4일 동안 주로 수심을 다룬다.

수심의 큰 골격은 주(主)바라밀과 조(助)바라밀과 세(細)바라밀로 되어 있고, 그 하나하나의 방법론이 극히 상식적이고 일반적인 논리성을 가진다. 목적의식만 분명하고 고양의지가 확고하다면 누구든 탁월한 체험을 가질 수 있게 되어 있다. 누구든 안정된 행복을 누릴 수 있다.

수심의 정의는 무엇인가? 수심의 방법론은 무엇인가?

수심이란 마음을 닦는 일이다. 마음속의 번뇌를 닦아 번뇌의 생성 이전 상태로 회복하는 것을 말한다. 수심을 위하여서는 먼저 번뇌의 구조를 알아야 할 것이요, 번뇌 하나하나를 닦아가는 방법론을 알아야 할 것이다.

동사섭 문화에서 안내하는 수심 방법론은 간결하다. 그 첫째 방법은 이미 99.99% 해탈되어 있는 자신의 의식세계를 확인하게 한다. 우리의 번뇌가 아무리 많다손 치더라도 그 번뇌를 다 합친 뭉치는 우리의 전체의식 가운데 '1/억만' 도 안 되는 크기이다. '번뇌 총합 : 이미 빈 의식 공간' 은 '1 : 무한대' 라는 정식으로 대변한다. 아직 때 묻지 않고, 그지없이 고요하며, 이미 해탈되어 깨어 있는 의식 공간이 막대한 넓이로서 있는 내 마음[순수의식]을 알게 한다.

그 순수의식은, 누구나 어느 순간이고 체험되고 있는 법이다. 그러나 대체로는 그 체험을 인식하지 못한다. 그 이유는 우리가 번뇌를 의식함에 너무 익어져 있는 탓이요, 그 번뇌를 의식 복판에 두고 느끼기에 습관 되어 있음 때문이다.

그 순수의식을 의식함은 마치 등에 업은 아이를 찾는 격의 일이다. 살아 있는 누구나 지금 바로 경험하고 있는 일이기 때문이다. 일단 그 맛을 알게 되면 거듭 반복 실습을 통하여 그 체험의 명징도를 더해 가야 한다.

이 순수의식을 의식함을 '옴' 이라 명명하고, 동사섭 문화의 수심 가운데 주바라밀로 삼는다. 동사섭 수련의 고급과정에서는 3박 4일 묵언을 하며 주바라밀을 주로 정진한다.

둘째, 번뇌를 직접 척결해 가는 조바라밀들이 있다. 번뇌의 생성 과정과 번뇌의 구체적인 내용을 탐(貪 : 욕심)·진(嗔 : 분노)·치(痴 : 어리석음)로 요약하여 이해한다. 개념이전의 순수의식에서 불현듯 한 생각 일으켜 실체사고에 떨어지고 실체사고는 가치사고를 낳고, 가치사고는 욕구를 부추기고, 욕구가 좌절되었을 때에는 불유쾌 정서[분노]가 형성된다. 불유쾌 정서대는 어리석음을 더하게 하고, 욕구를 강화시키며, 이에 따라 더 칙칙한 정서대가 형성된다.

이렇게 형성된 사고대(思考帶)와 욕구대(慾求帶)와 정서대(情緖帶)는 하나의 견고한 틀이 되어 세상을 받아들이는 주관적 인지 체계[Filter]로 작용한다. 거개의 사람은 자신의 주관적 인지 체계로 걸러진(is filtered) 세상을 실체시하며 일생을 살아간다.

이 주관적 인지 체계 즉 필터를 정화하는 것을 수심이라 하고, 필터의 교정 없이는 보다 순화된 행복을 누릴 수 없다는 자각을 하게 된다. 동사섭 문화에서는 사고대·욕구대·정서대의 교정을 위해 그 낱낱의 방법론을 제시한다.

정서대 정화를 위한 나지사명상, 욕구대 순화를 위한 독배명상, 사고대 전환을 위한 지족명상과 무아명상 등이 있다. 이것들을 동사섭 문화에서는 조바라밀로 삼는다. 중급과정 수련에서는 이 조바라밀들을 집중적으로 다룬다.

셋째로 세바라밀이 있다. 건강바라밀을 세바라밀의 1호로 든다. 주·조바라밀을 해 감에 있어서 절대적인 도구 하나가 몸이다. 몸 컨디션이다. 몸이 있고 인생이 있다. 건강한 몸이 건강한 인생을 만든다.

몸 컨디션과 명상은 불가분의 관계에 있다. 건강한 몸의 정의를 우선 '맑고, 튼튼하고, 유연하게'로 유념하면서 체조, 요가, 호흡 등의 꾸준한 운동과 맑고 가벼운 식생활 등을 권장한다. 그 밖에도 행동명상, 다양한 촌철, 독서 등의 무수한 세바라밀이 있다.

이것이 동사섭 문화의 주바라밀·조바라밀·세바라밀의 수심체계이다.

아테네 올림픽 경기를 마감하는 소식을 접하면서 경기자들의 피나는 정진과 운동인의 정신에 거듭 감동과 존경을 느낀다. 나는 수심인이니만큼 저들의 경기 준비만큼의 수심을 해 왔던가 하고 부끄럽게 반성하며, 모질게 다시 일어설 것을 결심한다.

동사섭인으로서 동사섭 문화 도구의 증인이 되어야 함을 다시금 고개 끄덕이며, 동사섭 주바라밀, 조바라밀, 세바라밀에 최선을 다할 것을 다짐한다.

2004년 9월 1일

동일시로부터의 해방

내 집, 내 자동차, 내 책상, 내 컴퓨터, 내 통장, 내 가족 등등 이 모든 것은
내가 바짝 정신 차리지 않으면 순식간에 내 의식에서 '나의 것'으로 동일시되어 있고,
내 의식에서 단단한 무게를 가진다.
그리고 이것들이 훼손되면 내 마음에 크고 작은 파장과 집착이 일어난다.

'나' 혹은 '나의 것'이라고 이름하는 모든 것들을 내려놓는다.
동일시로부터 해방한다.

환경이 나인가?
몸이 나인가?
마음이 나인가?
식주체가 나인가?

숨을 죽이듯 가만히 모든 것을 바라본다.

먼저 산재해 있는 나의 소유들을 바라본다. 내 집, 내 자동차, 내 책상, 내 컴퓨터, 내 통장, 내 가족, 나의 사랑하는 사람들, 그 밖의 내가 애정을 가지고 있는 나의 물품들, 동사섭 문화, 동사섭 수련과 연관된 모든 일들, 동사섭 사무실의 제반 사무들 등등 그것이 빼앗기거나 없어지면 내 마음에 동요가 올 만한 모든 것들을 떠올린다.

이 모든 것들은 정신 차리지 않으면 내 의식권에서 '나의 것'으로 되어 있고, 나와 동일시 되어 있으며, 의식권에서 단단한 무게를 가지고 존재하고 있다. 곧 그들이 빼앗기거나 없어지면 내 마음에 다소 혹은 큰 동요가 일어나기 좋은 집착으로 섞여 있다.

이것들이 정말 '나의 것'인가 물어보며 가만히 바라본다. 보다 선명히 바라본다. 바라볼수록 조금씩 저만치 멀어져 간다. 제대로 본즉, 그것들은 오직 '그것일 뿐' 나의 것이 아니다. 내 의식권에서 분리되어 가는 정도만큼 내 마음이 자유로워져 간다.

몸[육신]을 바라본다. '바라봄'을 오롯이 한다.

이것이 정말 나인가 물어보며 바라본다. 신체의 모양이 그려진다.

더욱 선명히 그려지도록 면밀히 바라본다. 바라다볼수록 신체가 '나의 것'에서 조금씩 멀어져 간다. 몸과 의식이 뒤섞여 있는 듯 체험되던 혼란에서 조금씩 벗어난다.

더욱 선명히 바라본다. 바라봄이 선명할수록 시간을 지나면서 저만치 멀어지는 육신이 어느덧 '나의 것'이 아니라 '저것'이 되어 있다. '저것'이 되어 저만치 건너다보인다. 저것은 이제 더 이상 '나의 것'이라 할 수 없는 존재가 되어 있다. 막연히 몸이 나라고 생각하며 집착하던 에너지가 녹여지고, 마음이 자유롭고 평온하다.

마음을 바라본다. 지(知) · 정(情) · 의(意) 모든 흐름을 바라본다. 바라봄을 오롯이 한다. 이것들이 과연 나인가 하고 냉정히 물어보며 바라본다.

나의 생각도, 나의 느낌도, 내 의지 작용도, 조금씩 멀어져 간다. 더욱 멀리 바라본다. 점차 멀어져 간다. 넓은 의식의 바다에 저만치 멀리서 건너다보인다. 밀착되어 있던 느낌이 줄어든다. 늘어지는 엿가락처럼 옅어져 가던 집착 에너지가 뚝 끊긴다.

당연히 나라고 여기던 집착 에너지가 녹여지고, 다만 '저것'일 뿐, 더 이상 '나다'라고 할 수 없는 존재가 되어 있다. 마음이 자유롭고 평온하다.

이러한 기능을 관장하고 있는 식주체를 떠올린다. 식주체 기능을 바라본다. 식주체 기능은 하나의 기능일 뿐, '나'라 할 수 없음이 분명하다. 이 전체의 흐름을 지켜보며 관장하는 한 기능이다.

정신 차리고 바라본즉, '식주체만큼은 틀림없는 나일 것이다'는

맹신이 허망하게 사라진다. 마음이 자유롭다. 평온하다.

이 모든 것들을 다 배제하고, 다 내려놓은 후에 체험되는 이 고요로운 느낌을 나라 할 것인가 물어본다.

'나' 라는 무엇인가를 이름 지어 놓으니 실낱 같은 집착의 에너지가 잡힌다. 부자유이다. 그 느낌마저도 저 만치 멀리 건너다보인다. 조금씩 멀어져 간다. 이미 '나' 라 할 수 없는 먼 곳의 '저것' 이 되어 있다. 마음이 더욱 평온하고 자유롭다.

더욱 평온하고 자유로운 이 마음, 이 느낌마저 다 내려놓는다. "이것마저 내가 아니다." 하고 내려놓는다. 더 이상 무엇에도 동일시의 에너지 끈이 없다. 참으로 참으로 평온하다.

환경이 나인가? 아니다!
몸이 나인가? 아니다!
마음이 나인가? 아니다!
식주체가 나인가? 아니다!

위의 어느 것도 내가 아님을 깨달을 때 체험되는 고요한 이 느낌이 나인가? 아니다! 이 느낌도 내가 아님을 점두하며 배제할 때 현전하는 지극히 순화된 이 느낌이 나인가? 아니다!

고요한 가운데 호흡만이 감지될 뿐이다. 그 또한 '나 아님[非我]'
으로서이다.

나이면 무엇하랴? 나 아니면 무엇하랴?
'나 아니다!' 하고 평화로운 이 마음, 이 마음조차에도 착을 놓으
며, 환신(幻身)의 나로서 이 세상 평화를 위해 나만큼씩 기여하리라
보살원을 세우니, 이 또한 맑은 평화로움이 아닌가!

이 깨우침이 더욱 깊어지도록 정진하고 또 정진하리라!

앞서 살다가신 모든 어진 분들의 한결같은 가르치심에 나 없다[我
空], 세상이 비었다[法空] 하시니 아공법공의 깨달음을 전제한다면,
위의 명상의 깊이가 더욱 선명해지리라 봐진다.

2003년 가을

일상의 공부 점검 기준

수행자라면 재가자이든 출가자이든 수행에 대한 일상의 점검 기준이 나름대로 있을 것이다. 어떤 의미에 있어서는 산다는 것 자체가 수행이요, 모든 사람이 수행자라 할 수 있다. 평생의 수행 길에서 우선 다음의 몇 가지는 기본적으로 정립되어 있을 것이라 본다. 무엇으로 마음 공부의 방편을 삼고 있는가? 얼마나 전력하고 있는가? 얼마나 진전이 있는가? 수행력의 기준은 무엇인가?

공부 방편이야 각자의 인연을 따라 정해질 것이리라 여기지마는, 여타의 것들은 대체로 비슷한 기준으로 점검될 수 있는 것이 아니겠

는가 하는 생각이 든다.

나는 염불선(念佛禪)을 주바라밀로 그럭저럭 4반세기의 세월을 보낸 자로서, 한결 지엄한 잣대로 심판한다면 많이 아쉬운 정도이겠지만 딴에는 제법 열심히 하려고 애를 쓰며 자나 깨나, 앉으나 서나, 침묵하나 말을 하나, 혼자 있으나 더불어 있으나 사뭇 염불의 관행에 주력하고자 한다. 얼마나 진전이 있는가에 대하여서는 일단 자신의 주바라밀에 몰두되어 가는 밀도가 얼마나 한가, 시간은 얼마나 한가, 자동화되어 있는 흐름은 어느 정도인가 등으로 진단할 수 있지 않을까.

수행력의 점검은 과연 무엇으로 기준할 것인가? 내게는 일상 가운데서 점검되는 몇 개의 자등명적 기준이 있다. 정서대, 욕구대, 사고대의 구체적인 현황이다. 새벽예불을 마치고 조용히 앉아서 나의 일상의 공부 점검 기준 및 습관을 정리해 보았다.

일상의 바탕정서를 점검한다. 새벽에 자고 일어나면 눈뜨자마자 그 순간의 정서점검이 생활화되어 있다. 의지가 이완되어 있는 밤새 수면의 동안에서 막 잠을 깨어 아직 이성적·의지적으로 가누지 않은 상태의 정서, 그것이 어쩌면 자신의 기초정서를 가장 잘 드러내고 있는 것일지도 모른다는 생각을 언제부터인가 하게 되었다.

그리고 깨어 있는 동안 줄곧 자신의 정서를 점검한다. 밝은지 어두운지, 맑은지 탁한지, 고요한지 들떠 있는지, 정체되어 있는지 생기와 활기가 있는지 등을 살핀다. 내가 지향하기로는 맑고 밝은, 그리고 생기 있게 고요한 정서이다. 그 순도가 지극해지는 것이다.

그리고 욕심을 점검한다. 섬세하고 정직하게 살펴보고자 노력한다. 욕심이라 하면 가장 먼저 물욕이다. 그다지 문제 삼을 만하지는 않은 정도라도 습관적인 욕심이 일어나고 있지는 않는지, 부당한 욕심·불합리한 욕심은 없는지, 대의명분을 내걸고 자신을 기만하는 어두운 욕심은 없는지 등을 살핀다.
내 개인적인 소망으로서는, 수행자는 모든 것에 앞서 먼저 물욕을 순화하여야 한다고 본다. 수행자는 다른 어느 욕심보다도 다루기가 쉬워서이기도 하다. 최소한의 기초생활이 보장되어 있고, 기초생활 이후의 것들은 언제든 포기해도 되는 분명한 수행목표가 있으며, 정녕 필요로 하는 것이라면 때맞추어 천지기류가 형성될 것이라는 믿음으로 살아야 하기 때문이다.

물욕 다음으로는 인정욕과 명예욕, 성욕, 구현욕 등에 깨어 있고자 한다. 이러한 욕심들은 더러 치장과 변장을 하고서 나타나기 때문에, 상당히 예리한 깨어 있음을 요한다.
물론 세상 사람들을 살게 하는 원초적 동기는 바로 이 욕구 에너지라 여겨진다. 무엇인가에 대한 성취욕구, 그것이 창조적 에너지를 만들어 낸다. 그래서 건강한 욕구 에너지는 활기 있고 성장되는 삶을 살게 한다.

그것의 건강·불건강의 기준은 정서에 맞추어 보면 한 잣대가 되어줄 것이다. 그 욕구가, 그리고 성취의 과정이, 나아가서 성취되었을 때에 맑고 밝고 안정되며 생기와 활기를 준다면 좋으리라. 수행자는 일체의 욕심에서 벗어나서 완전한 자유로움을 지향해 가고 있는 바이니, 수행이란 결국 모든 욕심의 순화를 지향함인즉, 모름지기 욕심에 대하여서 호리의 타협과 느슨함도 허용해서는 안 된다는 정신을 가져야 할 것이다.

다음은 사고대 점검이다. 사고대 점검 및 관리는 사실 인생에 있어서 필수불가결의 과제라 볼 수 있다. 맑·밝은 정서이지 못하게 하는 요인은 끝내 순화되지 못한 욕심에서 기인한다는 것을 알게 되며, 욕심은 지혜롭지 못한 데서 비롯한다는 것을 알 수 있다.

맑·밝은 정서를 삶의 목적으로 두고 역대 성현들의 가르침을 따라 통찰해 보면, 모든 상황에 어리석지 않게 사고할 수 있다면, 지혜롭게 사고할 수 있다면, 아마 부당한 욕심은 없을 것이며 욕심 자체가 일어나지 않을 수 있을 것이 분명하다. 논리적으로 그러하고 경험적으로 그러하다. 다만 얼마나 열심히 깨어 있을 것이며, 얼마나 순도 높게 지속시켜 갈 것인가 하는 것이 관건이다. 그때그때의 사고가 합리적인가 불합리한가, 합당과 부당 여부, 긍정적인가 부정적인가, 그리고 습관적인 잡념 여부, 나아가서는 무념으로 얼마나 있는가 여부 등을 살핀다.

이러한 분명한 잣대가 있다는 것이 내 삶을 얼마나 선명하게 하는지 모른다. 자신의 정서대, 욕구대, 사고대 흐름의 전반을 어항 속 고기들이 노닐고 있는 것처럼 환히 들여다볼 수 있다는 것은 참으로 좋다. 반복적 · 지속적 훈련을 통하여 가능해진 일이다. 감사하다.
위의 정리를 하며 보다 투철한 자기 점검을 통하여 보다 밀도 높은 성숙을 꾀하리라는 작심을 거듭한다.

2005년 6월 15일

죽음 명상

인생이란 삶과 죽음의 조합 과정이요, 그 전 과정이 이고득락의 역정이다.
따라서 삶도 이고득락이 되어야 할 것이요, 죽음도 이고득락이 되어야 할 것이다.

사람은 누구나 죽는다. 죽음이란 사람이 겪어낼 모든 변화 가운데 가장 큰 변화이며, 사람이 감당해 내야 하는 모든 과제 중에 가장 특별한 것이다. 사람들은 대체로 죽음에 대해 각별한 생각과 정서를 가지고 있는 듯하다. 죽음은 거개의 사람이 대체로 무조건 두려워하고 거부한다.

죽음은, 아무리 싫어하고 아무리 두려워하더라도 끝내 한 번은 받아들여야 한다. 그 죽음이 언제 닥쳐올지 모르며, 죽음 다음이 무엇인지 우리는 알 수가 없다. 죽음이란 살아서의 모든 것들과의 엄정한 이별이요, 살아서의 모든 것들의 깨끗한 상실이요, 살아서의 모든 것들에 종지부를 찍는 일이다. 특히 생 긍정 의지가 강할수록, 생명에 대해 귀히 여기는 마음이 깊을수록, 생존의 과정이 찬란할수록, 그 모든 것들을 박탈당하는 이 죽음에 대한 싫음과 두려움이 클 것이다. 보다 이른 나이에 죽음에 대해 실감할 수 있다는 것은 어떤 의미에 있어 큰 축복이라 여겨진다.

나이가 들어 노년이 되었을 때 혹은 젊어서도 마찬가지이지만, 하루하루의 삶이 죽음에 대한 불안 속에서 진행되고 있다면 어떻겠는가? 그럭저럭 살다가 임종에 당하여 아무 생각도 없이 멍청하게 죽어간다면 어떻겠는가? 성실성 없이 게으름 속에 살다가 죽음에 이르러서야 마음이 바빠서 허둥대거나, 임종에 당하여 무조건 삶에 대한 집착 때문에 두려워 떨고 있거나, 한평생 성실히 잘 살아 놓고서도 아직 미련이 남아서 죽기만 싫어한다면 어떻겠는가? 아니면, 죽음을 초연한 마음으로 바라다보며 언제 죽어도 아무 상관없는 수용 태세로 하루하루를 살아갈 수 있다면 어떻겠는가?

죽음을 담담하게 수용할 수 있는 길은 무엇인가?

명상이 그 하나의 길이다. 멀지 않아 죽음이 자신에게 닥쳐온다는 생각이 실감으로 다가온다면 죽음이 명상적 소재가 되지 않을 수 없을 것이다. 죽음에 대한 의연한 수용 태도 여하는 인격의 중대 척도 하나이다.

인생이란 삶과 죽음의 조합 과정이요, 이 전 과정이 이고득락(離苦得樂)의 역정이다. 삶도 이고득락이 되어야 할 것이요, 죽음도 이고득락이 되어야 할 것이다.

이에, 우리는 두 가지 중대 주제를 이끌어 낼 수가 있다. 살아 있는 동안 성실히 최선을 다하여 살아낼 일이요, 죽어갈 때 평온하게 죽음을 수용해 낼 일이다. 죽음이라는 큰 변화에 대한 깊은 명상은 삶에 대한 고양된 지평을 열어 줄 것이요, 고양된 지평의 삶이라면 또한 죽음이라는 절대 한계 상황도 삶의 한 부분으로 용해될 것이다. 죽음 수용에 있어서 명쾌한 정도만큼 현재[Here and Now]의 삶을 대하는 태도는 다를 것이요, 나아가 생사일여(生死一如)라는 말이 당연한 순리로 점두될 것이다.

우리는 가까이에서 가족이나 친지들의 죽음을 지켜보게 된다. 그들에 대한 사랑이 지중할수록 죽음이 우리 인생에 있어 얼마나 큰 과제인가를 실감하게 된다.

전문 수행자인 나에게, 생과 사의 모든 문제를 이고득락이라는 목적 가치 차원에서 풀어가는 나에게 있어서, 가까운 분들의 죽음을 목도할 수 있었던 것은 어떤 의미에 있어 하나의 축복이었다. 나에게도 언젠가는 맞이할 죽음을 실감하는 데에 도움이 되었고, 죽음명상을 무수히 해봄으로써 평소 죽음에 대한 불안이 거의 없이 평온히 죽음을 향해 살아가고 있다.

거듭 말하거니와, 자연사이든 병사이든, 혹은 사고사나 비명사 및 자살사 등 어떤 죽음이든, 그것이 나의 것이든 남의 것이든 간에 죽음은 우리에게 큰 경험이요, 큰 상실이요, 완전한 종지부이다. 이러한 죽음에 대해 무감각하거나 무지하여 닥쳐온 죽음에 대하여 너무 당혹하고 억울한 마음으로 죽어 가지 않기를, 혹은 이미 늙어 죽어 갈 나이가 되었음에도 불구하고 자신의 죽음을 무조건적으로 피하고 싶은 막연한 생 긍정 욕구의 휘둘림으로 스스로 고통스럽고 주변을 안타깝게 하는 인생이 되지 않기를 간곡히 기원하는 심정으로 이 글을 쓴다.

동사섭에서는 독배명상을 죽음명상 하나로 제시한다. 죽음이라는 것에 대한 실감어린 관심과 죽음에 대한 불안에서 벗어나고자 하는 마음이 절실하다면, 방법론은 다양한 인연으로 만나지게 될 것이다. 각자 나름의 방법들로 애써 갈 일이다.

　나에게 있어서 중요한 깨우침 하나는, '죽음에 대한 바른 이해의 부족'으로 죽음을 막연히 두려워한다는 것이요, '죽음에 대한 심리 구조'를 꿰뚫어 보면 그 해법이 나온다는 것이다. 이 두 가지의 고찰은 나에게 있어 죽음으로부터의 두려움을 없애 주고 언제인가 닥쳐 올 죽음을 평화롭게 수용하게 해 준다.

　맑은 물이 뚝뚝 떨어질 듯 청명한 가을하늘 아래서, '이 세상 모든 이들의 마음경이 저 가을하늘 같으소서!' 하는 기원을 올리며 글을 마친다.

2003년 10월 1일

느낌에 대한 단상

동사섭 수련회의 핵심 주제 하나가 '느낌에 깨어 있기'인 만큼, 동사섭 문화에 몸과 마음을 담고 느낌에 깨어 있으며 얻은, 혹은 얻을 수 있는 공덕들을 정리해 본다. 여기에서 말하는 느낌이란 감정, 정서, 기분 등을 포괄한 뜻이며, 넓은 의미로는 사람의 심리활동 가운데 사고활동을 제외한 모든 심리영역을 말한다.

1. 삶의 목적이 확연해졌다.

느낌에 깨어 있는 생활을 해가다 보니 삶의 목적이 느낌 좋아지게 하자는 데 있다는 것이 확연해졌다. 모든 활동의 다음에는 어떤 느

낌이 따라오게 마련인데, 이를테면 어떤 생각이나 행동 다음에는 반드시 그에 따른 어떤 느낌이 있다는 것이다. 이때, 이 느낌이 목적가치이고, 그 느낌이 좋도록 하는 모든 과정이 방법가치가 된다는 것을 알게 된다. 사람들은 이 느낌이 좋은 상태를 행복이라 일컫고, 세상 모두는 행복해지자고 온갖 노력을 하며 살아간다.

2. 행복과 행복의 조건이 분명해진다.

그만큼의 좋은 느낌이 그만큼의 행복이라는 것을 인지하게 되고 행복이 삶의 목적이라는 것이 확실해지면, 우리의 느낌을 좋게 하는 것(조건)에 무엇무엇들이 있나 하며 살피게 되고, 그러다 보면 행복과 행복의 조건이 구별되면서 의식의 혼란에서 벗어나게 된다. A조건으로 행복감이 덜한 어떤 상황에 놓여 있다면 B조건으로라도 자신의 행복을 만들어 가고자 하는 노력이 나오게 마련이다. 행복이 삶의 목적이므로, 자신의 행복을 스스로 책임져 가야 하므로, 자연스러이 자신의 느낌(감정, 정서, 기분)을 좋게 하기 위한 노력이 나온다는 말이다.

3. 그 순간의 행복에 눈 뜨게 된다. 즉, 순간순간 행복을 누리며 나아가게 된다.

느낌에 깨어 있게 되면, 현재까지의 자신의 행복지수에 눈 뜨게 되고, 자신의 현재만큼의 행복을 확인하며 누리며 더 나은 행복으로 나아가는 노력을 해 가게 된다. 반대로 느낌에 깨어 있지 않으면, 평생 모든 사람들이 어떤 노력들을 해가고 있으며 그 노력의 목적이 행복이게 마련인데, 자신이 현재 어느 만큼의 행복에 있는지 알지도 못하고 그저 가속도가 붙어 있는 기계처럼 습관적인 욕구 성취를 위한 전진만 하게 된다. 그러다 문득 커다란 기쁨이 한 번쯤 오게 되면 그때야 겨우 행복한 사람처럼 여기며 조금 기뻐하다가 또 정신없이 앞만 보고 전진, 또 전진해 가기가 일쑤이다.

4. 자신의 업[業 : 경향성, 패턴, 습관성]을 직면하게 된다.

느낌에 깨어 있는 시간과 횟수가 많아지다 보면, 느낌과 연관되어 있는 많은 삶의 비밀들을 알게 된다. 그 중의 하나로 자신의 사고와 욕심과 행동과 그 밖에 묵은 정서의 패턴을 발견하게 된다. 느낌이란 홀로 일어나는 경우가 없다. 반드시 어떤 상황에서, 그 상황을 받아들이는 과정에서 일어나게 마련이다. 이때 느낌을 면밀히 주시해 가다 보면, 어떤 상황에 대처해 가는 각자 자기 나름의 필터가 작용함을 알게 된다. 즉, 상황이 그런 느낌을 만들어 주는 것이 아니라, 그 상황을 받아들이는 자신의 주관적 인지 체계에 따라 느낌이 결정됨을 보게 된다. 이 주관적 인지 체계를 흔히 필터(Filter) 혹은 렌즈(Lens)라고 말한다.

이 주관적 인지 체계를 통과하면서 자신 나름의 느낌이 만들어지게 된다는 것을 알게 된다. 이 주관적 인지 체계를 불교에서는 업이

라고 말하는데, 이 업의 구조는 대체로 3중으로 되어 있다. 사고대
(思考帶 : 痴)와 욕구대(欲求帶 : 貪)와 묵은 정서대(情緖帶 : 瞋)로
이루어져 있는데, 그것은 그 사람의 역사[Life History]를 만들어 간
다.

5. 자신의 마음알기의 명인이 된다.

느낌에 깨어 있고 느낌을 확인하며, 꾸준히 정진해 가노라면, 의
식의 회광반조가 자동화[인격화]되면서 자신의 모든 느낌에 민감하
게 깨어 있게 되고, 마치 자신의 마음 움직임(느낌+ 3중 구조의 필
터)들이 어항 속의 물고기들이 노닐고 있는 모습을 들여다보듯 환히
투명하게 보게 되므로 자신을 속이는 일이 절대로 없게 된다. 그 자
체로 개운하고 선명한 삶이 된다.

6. 마음공부[修心]의 필요성을 절감하게 된다.

삶의 목적이 행복이고, 행복이 느낌이며, 느낌은 객관적 상황으로
서가 아니라 주관적 필터로 결정된다는 사실을 이해하게 되면, 주관
적 인식 체계의 개선을 통하여 자신의 행복을 책임져 가야겠다는 의
지가 나오게 된다. 주관적 인식 체계의 개선을 수심이라 이름하는
데, 느낌에 깨어 있는 생활을 해 가다 보면 절로 마음공부의 필요성
을 느끼게 된다. 수심은 행복의 중대한 조건임을 알게 된다. 그때부
터 그 사람의 삶의 질이 한층 높아지게 될 것이다. 물론 수심의 조건

은, 여타의 행복의 조건을 더욱 기름지게 하면서 행복도를 높여 가도록 돕는 역할도 하게 된다.

7. 자신의 행복을 스스로 책임져 가는 주인의 삶이 된다.

이렇듯 수심의 필요성을 절감하며, 주관적 인식 체계를 개선해 가고자 하는 의지와 행동력이 높아져 가면서, 자신의 삶을 스스로 책임져 가는 주체성이 튼튼해지며 자신의 행복을 밖의 경계에 맡기지 않고 스스로 책임져 가는 주인의 삶이 된다. 보다 힘차고 당당하며, 자연스러운 삶이 되리라 믿는다.

8. 다양한 수심 방법들이 계발되고, 수심의 마술사가 되어 간다.

느낌에 얽혀 있는 마음의 구조들을 살펴보면서 수심의 필요성이 절감되면, 그 일을 스스로 해낼 수밖에 없음을 알게 되고, 수심의 방법들을 찾게 되며, 수심의 방법들과 만나게 된다. 마치 시장기가 있을 때에 모든 음식이 다 맛있듯이, 수심의 방법을 구하는 마음이 준비되어 있을 때에는 모든 방법들이 다 요긴하고 감사한 도구로 활용되게 마련이다. 이렇게 하여 마음 공부의 대가가 되어갈 것이며, 그를 통하여 느낌이 보다 맑고 밝고 평화로우며 자비로운 행복감을 누리게 될 것이다.

9. 느낌의 이원화[객관화, 자유감, 해방]를 체험하게 된다.

느낌에 깨어 있어 느낌을 건너다보는 훈련이 익어지면, 느낌을 감지[인식]함과 동시에 인식 주체와 분리되면서, 시간적으로는 과거로 밀려가고, 공간적으로는 이원화, 객관화가 되면서 그 느낌으로부터 자유로워짐을, 해방감을 체험하게 된다.

10. 수심의 극점이 무엇인가에 대한 놀라운 발견을 하게 된다.
수심의 극점이란 무심이요, 돈망(頓忘)이요, 순수의식이요, 순수 느낌이다.

11. 느낌 수위는, 인격의 중대한 척도가 된다는 것을 알게 된다.
인격을 가늠하는 여러 척도가 있을 수 있겠지만, 얼마나 맑고 밝고 평온하며 자유로운, 그리고 자비로운 정서를 보유하는가가 그 사람의 인격을 재는 중대 척도가 될 수 있다. 왜냐하면 정서[느낌]가 안 좋은 상태라는 것은 결국, 위에서 말한 바와 같이 자신의 주관적 인지 체계 관리 부족에서 오는 것이기에, 수심의 정도를 알 수 있기 때문이다.

12. 플러스 알파(+ α)다.

이렇게 정리해 가다 보니 머리와 가슴이 시원하다.
나의 정서에 더욱 정성스럽게 책임져 가고 싶고, 또 맑고 밝은 정

서의 기운을 이 세상에 보내고 싶다. 나의 행복을 위하여, 세상의 행
복을 위하여!

　느낌에 깨어 있고, 느낌의 수준을 높여 가는 방법 하나로, 느낌노
트를 꾸준히 써 가는 일이다.
　느낌노트는, 그때그때의 자신의 행복을 확인하게 하고, 자신을 되
돌아보게 하며, 자신의 마음을 다스리게 하며, 자신의 마음으로부터
자유롭게 한다.

　느낌노트 쓰기를 동사섭 문화의 명상실천 덕목의 하나인 교류사
덕노트와 함께 시민 문화 운동으로 펼쳐 가 보고자 하는 이유가 여
기에 있다.

　느낌노트의 형식은, 상황과 느낌을 단문 혹은 복문 형식으로 써
간다. 예를 들어,
　‘ 아침에 일어나 창문을 여니 맑은 공기가 들어오며 가슴을 시원
하게 해주어 기분이 상쾌했다.’
　‘오늘 운전 중에 뒤차가 아무 신호도 없이 갑자기 끼어들기를 하
여 순간 언짢았다.’
　‘자고 일어나는데 몸이 무겁게 느껴지어 기분이 좋지 않았다.’
　‘비가 개인 산과 들과 하늘을 휘둘러보니 마음조차 깨끗이 청소

가 되는 듯 맑고 평온한 마음이다.'

'아침 출근길에 전철 속에서 어느 분의 밝은 미소가 내 마음까지 환하게 해주는 듯하여 기분이 좋고, 좋은 기분을 만들어 주신 그 미소에 감사함이 느껴졌다.'

이런 식으로 말이다.

'느낌' 에 눈 뜨게 된 나의 인생에 아찔한 감사를 느낀다.

용타 큰스님과 동사섭 문화에 참으로 깊이 있는 감사를 올린다.

2003년 9월 1일

마음을 이어주는 다리

책의 추천의 글을 쓴다는 것은 참 무서운 일이다. 책의 평을 쓰는 일과는 다르다. 책평은 그 책의 내용을 어떻게 생각하는가를 쓰면 된다. 그리고 그 평가 또한 독자의 평에 맡기면 된다. 그러나 추천의 글은 다르다. 다른 사람들에게 읽으라고 권하는 일이다.

추천의 글은 내 양심과 저자의 양심과 관련되는 글이다. 내 인격과 글쓴이의 인격과 관련된 글이다. 그리고 읽는 이의 이익과 관련된 일이다. 평가는 그 책을 다 읽고 나서야 쓸 수 있다. 그러나 추천의 글은 읽지 않고도 쓸 수 있다. 단 한 쪽만 읽고서도 쓸 수 있다. 쓴 사람의 인격에 관한 글이기 때문이다. 그래서 더 어렵다. 그래서 나는 추천의 글을 쓰지 않는다. 몇 번 부탁을 받았으나 거절했다. 딱

한 번 썼다. 우리 학교 원경선 이사장님의 책이다. 이번 추천의 글은 두 번째다. 원경선 이사장님의 책은 책을 읽지 않고 썼다. 이번에는 읽다가 쓴다. 어젯밤에 읽다가 잠이 들었다. 새벽에 일어나 읽다가 문득 지금 쓰자는 생각이 들어서 쓴다.

원경선 이사장님은 나의 신앙과 정신의 아버지다. 그래서 읽어 볼 필요가 없었다. 대화 스님은 제자다. 아무래도 제자는 덜 미더운가?

스승에게 가장 큰 기쁨은 제자가 자기를 넘어서는 것이다. 나는 원고를 받아 읽기 시작하여 얼마 지나지 않아 '참 많이 컸다.'고 느꼈다. 십여 년 전에 책을 보내 왔다. 1/3쯤 읽다가 전화를 했다. 지금도 기억한다. 전화에다 대고 "왜 종이 값이 올라가는지 알겠다."고 말했다. 그때 대화 스님의 서운해 하던 말도 기억한다. "선생님, 술 잡수셨지요!!!"

새벽에 일어나 다시 읽어 나가다가 "아, 나를 넘어섰구나!" 하고 느끼는 순간, 원고를 놓고 이 글을, 추천의 글을 쓴다.

이 글은 무섭도록 정직하다. 이렇게 정직한 글은 시인들에게서조차 보기 쉽지 않은 세상이다. 이 글은 완성된 글이다. 그래서 앞으로 더 훌륭한 글이 나올 것이다. 정직한 사람의 글은 믿음—인격, 정신, 마음—에서 나오니까. 믿음의 완성은 그 높이와 깊이와 넓이가 끝이 없다. 그렇기에 어떤 글도 완성된 글이라고 할 수는 없다. 그런 의미에서는 불경도 성서도 마찬가지다.

그러나 쓰는 사람의 믿음과 읽는 사람의 믿음 사이에 놓아지는 다리로써의 글은 완성될 수 있다. 나는 그렇게 생각한다. 그래서 성서도 불경도 완성된 글이라고 믿는다. 그래서 성서를 기독교에서 하나님의 말씀이라고 한다. (불교에서도 불경을 부처님의 말씀이라고 하여 삼보 가운데 하나로 소중하게 여기는 것으로 알고 있다.) 이 글은 완성된 글이요, 완성되어 갈 것을 믿는다.

기독교인인 내가 불교 스님 책의 추천사를 쓰는 것을 불편하게 생각하는 분들이 있을 줄 안다. 나는 감히 모든 종교인들에게 읽으라고 추천한다. 글은 사람과 사람 사이에 놓아지는 다리다. 잘못된 곳으로 놓아진 다리도 있다. 아니 거의 모든 글들이 잘못 놓아진 다리들인 세상이다. 다리는 잘못 놓아서 무너질 수도 있다.

그러나 이 글은 놓아져야 할 곳으로 놓아진 다리다. 튼튼한 다리다. 내가 믿는 종교 안에서 나온 올바른, 튼튼한 다리는 나의 믿음을 살찌운다. 다른 종교에서 나온 훌륭한 다리는 나를 더욱 넓어지고 깊어지고 높아지게 만들어 준다.

아! 지난해엔 김기석 목사님의 글을 읽을 수 있어서 축복이었다. 올해는 대화 스님의 글을 읽을 수 있어서 축복이다.

이제 또 가서 읽어 나가야지.

전 거창고 · 샛별중 교장

전성은

삶과 행복의 원리를 일깨워주는 필독서

글은 사람이라고 한다.

이 책에는 저자 대화 스님의 치밀하면서도 다정다감한 모습이 농밀하게 녹아 있다. 종교 수행과 개인 및 사회 구원의 새로운 대안으로 떠오른 동사섭 프로그램의 유능한 기획자요 집행자로서 대화 스님은 수많은 참가자들에게 지울 수 없는 인상을 남겨 왔다. 이 책은 스님의 그런 모습과 함께 일상에서 만나는 사람들을 관찰하는 예리한 감성까지 곁들여 잘 보여 주고 있다.

그러나 이 두 가지는 분리되어 있지 않다. 일상 속에서 동사섭 원리가 실천되는 모습이 맛깔스런 수필 형식으로 표현되어 있다. 동사섭 프로그램 참가자들뿐만 아니라 일상 속에서 잊고 살기 쉬운 삶과 행복의 원리를 알기 쉬운 글로 일깨워 주고 있는 것이다.

대화 스님은 헌신, 효성 등 전통적인 덕목을 되새겨 주는 눈물 많은 가녀린 여인이기도 하다. 출가자로서 모친에 대한 승화된 효심의 표현은 더 없이 아름답고 설득력 있다. 다른 출가자들의 고민에 훌륭한 해답이 되어 줄 만하다.

또한 풀뿌리 사람들의 이야기는 우리가 오래 전에 떠난 시골 장터로 우리를 다시 불러내고 있다. 동사섭같이 세계시장에 내놓을 만한 상품도 이 장터에서 나온 것임을 조용히 말해 주고 있다.

이 책은 물질주의적 가치관 속에서 젊은이들을 끝없는 탐욕과 무한경쟁으로 몰아가고 있는 우리 사회에 동사섭이 지향하는 삶의 가치와 방식이 우리를 어떻게 행복의 언덕으로 이끌 수 있는가 하는 실습자료를 제공한다.

이 책을 통해 많은 분들이 삶의 지침과 마음 다스리기의 원리를 자신의 것으로 만들어 행복한 삶을 살기를 빈다.

철학박사 · 인하대 명예교수 · 함석헌씨올 사상연구원 원장 · 우리문화동질성연구회 회장

김영호

좋은 책, 좋은 인연

    글은 그 사람만이 가진 맵시를 드러낸다고 합니다. 그래서 좋은 글을 읽노라면, 그 사람이 얼마나 아름다운 사람인지를 이내 짐작할 수 있게 됩니다. 교과서에서 읽었던 수많은 명문을 기억에 떠올려 보거나, 베스트셀러라고 해서 많은 사람들에게 읽힌 좋은 책의 글귀는 그 글을 지은 사람에게 막연한 존경심을 가지게 합니다. 뿐만 아니라 그 좋은 글은 두고두고 사람들의 입에 오르내리게 되며, 어떤 때는 자기 글에 인용해 보기도 하고, 분위기 어울리는 자리에서 그 글을 외어 보는 것만으로도 교양 있는 사람으로 대접 받게 해 줍니다.

    우리 동사섭 사이트(http://www.dongsasub.org)를 열면 명상칼

럼이라는 메뉴가 뜨게 되고, 그 메뉴를 열면 주옥과 같은 글들을 발견하게 됩니다. 30년 가까운 세월 '참다운 행복이 무엇인지 깊이 있게 사색하고 실천하며 몸에 익혀 가는 것'을 목표로 삼는 동사섭이라는 마음수련 모임을 이끌어오면서 삶의 주변에서 겪은 일이나, 명상 중에 떠오른 생각들을 차곡차곡 정리하여 올려 둔 글이어서, 이 글을 읽고 있으면 글쓴이가 얼마나 맑고 고운 영혼을 가진 이인가를 이내 짐작케 하는 힘을 느낄 것입니다. 게다가 글 솜씨 또한 마치 구슬을 꿰어낸 듯하여 이른바 비단 위에 수를 더한 것 같다는 느낌을 받게 될 것입니다.

세상에는 글 솜씨가 좋아서 제법 그럴싸한 글을 쓰는 사람들이 있습니다. 또 사는 동안 남이 깨닫지 못한 사실이나 느낌을 남에게 알리기 위해 책을 내는 이들도 많습니다. 그런데 글감은 괜찮은데 글 솜씨가 이를 받쳐 주지 못해서 묻히는 경우나, 글 솜씨는 좋은데 내용이 별로여서 사람들을 번거롭게만 하는 책이 널려 있습니다.

대화 스님께서 쓰신 이 명상칼럼의 글은 치열한 정진이 그 바탕에 깔린 재산인 데다가, 남이 따르기 힘든 유려한 글 솜씨까지 보태어져 글을 더욱 빛나게 해 주는 것이어서 한 번 읽고 서가에 꽂아 두기에는 참으로 아까울 터입니다. 한 평생을 곁에 두고 시간 날 때마다 읽어 볼 글일 것이라고 믿습니다.

학처럼 고고한 기품이 깃든 글을 읽게 되면, 마침내 우리 곁에 검은 치마 하얀 저고리의 학 한 마리가 우아한 몸짓으로 서 있는 것을 보게 될 것입니다. 그러면서 삶 속에 스쳐 지나간 것들에 대한 깊은 애정과 빛나는 지혜를 다시 한 번 곱씹어 보게 될 것이며, 나를 돌아보고 남(사람은 물론, 세상을 이루는 온갖 무형 유형의 존재까지를 포함)을 다시 한 번 바라보는 기회를 가질 것입니다.

좋은 책을 만나게 될 좋은 인연을 축복하며, 추천의 말씀에 갈음합니다.

함양고 교장

박기주

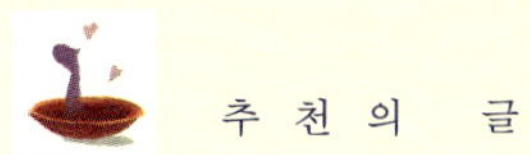

'마음알기' 의 보물찾기

대화 스님의 글은 '마음알기, 다스리기' 를 복잡하고 거창한 방법으로 소개하지 않습니다. 어렵지 않게 일상의 이야기처럼 다가오지만 치열하게 수행하는 수도자, 동사섭을 이끌어 가고 마음 공부하는 이들의 멘토, 엄한 선생님, 자상한 이웃, 따뜻한 가족의 모습들이 녹아 있습니다. 쉽게 들여다볼 수 있고, 찬찬히 들여다볼수록 마음속에 깊이 각인됩니다. 책장을 덮고서 가만히 생각하고 행간의 의미를 되새기며, 나의 모습에 투영시킬 수 있는 춘란의 은은한 향기 같은 글들입니다. 공감하며 엷은 미소를 자아내게 하기도 하고, 눈물을 흘리게도 합니다. 참으로 맑은 이야기들입니다.

오래 전 대학에 입학한 후, 몸살처럼 시작되었던 생의 고민들, 나는 누구이며 어떻게 살아가야 하는지, 내 모습에 자신이 없어 사소한 만남조차 두려워했던 시절, 이상과 현실의 거리감 사이에서 뒤척이며 잠 못 이루다 바라보던 새벽 별들과 창 밖의 차가운 바람은 막혔던 숨을 틔워 주는 시원함이었습니다. 이제는 나의 하나님께 의지하고 살아가고 있지만 나의 마음속에는 아직도 어떻게 살아야 하나, 마음을 어떻게 추슬러 가야 하냐며 많은 생각이 교차합니다. 몇 해 전 우연히 접한 대화 스님의 명상칼럼은 겨울새벽의 그 상상함으로 다가왔습니다.

세상이 번잡하고, 일상이 피로하여, 사람이 싫어지고, 이러한 내가 싫어질 때가 있습니다. 한 발짝 물러나 시간을 세어 보며, 내 속의 소리에 귀기울이고 싶을 때가 많습니다. 사람들에게 먼저 다가가는 따뜻한 사람이 되고 싶습니다. 나의 에너지를 나눠줄 수 있는 깊은 사람이고 싶습니다. 대화 스님의 이야기 속에 숨어 있는 '마음알기' 의 보물찾기에 동참하렵니다.

의사 · 전주 서울영상의학과, MRI센터원장

정진영